CARLOS EDUARDO OLIVEIRA

Tailândia
Cores & Sabores
HISTÓRIAS E RECEITAS

FOTOGRAFIAS **JOHNNY MAZZILLI**

Dados Internacionais de Catalogação na Publicação (CIP)
(Câmara Brasileira do Livro, SP, Brasil)

Oliveira, Carlos Eduardo
Tailândia cores & sabores: histórias e receitas / Carlos Eduardo Oliveira; [fotografia Johnny Mazzilli]. — São Paulo: Melhoramentos, 2018.
ISBN 978-85-06-08412-0

1. Culinária (Receitas) 2. Culinária — Tailândia — História 3. Gastronomia 4. Receitas I. Mazzilli, Fotografia: Johnny. II. Título.

18-22002 CDD-641.509

Índices para catálogo sistemático:
1. Tailândia: Culinária: Gastronomia: História 641.509

Maria Alice Ferreira — Bibliotecária — CRB-8/7964

Visando à facilidade em sua execução, as receitas foram ligeiramente adaptadas. Grande parte dos ingredientes indicados pode ser adquirido em entrepostos de produtos orientais como a Towa Mercearia e Bombonière, no bairro da Liberdade, em São Paulo: www.mbtowa.com.br.

Obra conforme o Acordo Ortográfico da Língua Portuguesa
© Carlos Eduardo Oliveira
© 2018 Editora Melhoramentos Ltda.
Todos os direitos reservados.

Projeto gráfico e diagramação: Sete (www.sitedosete.com)
Fotografia: Johnny Mazzilli, exceto das páginas 83 e 103: Getty Images
Consultoria culinária / revisão de receitas: chef Kingdao Khochomclang, chef Dao [chefdaogdmthai@gmail.com]

1.ª edição, março de 2019
ISBN: 978-85-06-08412-0

Atendimento ao consumidor:
Caixa Postal 729 – CEP 01031-970
São Paulo – SP – Brasil
Tel.: (11) 3874-0880
sac@melhoramentos.com.br
www.editoramelhoramentos.com.br

Impresso na China

In memorian a Dr. Oswaldo Rodrigues
de Oliveira, lição eterna de vida,
o maior caráter que já conheci.

SUMÁRIO

Prefácio 9
Apresentação 11
Tailândia hoje 15

PARTE 1
COMIDAS E SABORES 17

CAPÍTULO 1
A comida tailandesa 19
No princípio, era o arroz 20
A Santíssima Trindade da Mesa Thai 24
   Arroz 24
   Nam Pla 25
   Curry o dia inteiro! 27
Os essenciais 31
Pratos icônicos 34
   Arroz pegajoso, o campeão 34
   Todo-poderoso Pad Thai 36
   Adorável Azedinha 37
Trinca de ases 39

CAPÍTULO 2
Comida de rua 41
Bangkokians 47

CAPÍTULO 3
Cozinhas regionais 53
   Norte 56
   Nordeste 57
   Sul 58
   Planície Central 59
Precisamos falar sobre insetos 60

CAPÍTULO 4
Bebidas 65
Mekhong 66
Cervejas 66
Destilados 67
Hong Thong 69
Chalong Bay 69
Phraya 69
Lao Khao 70
Chás 72
Casas de Chá 73
O incrível "café de elefante" 74

CAPÍTULO 5
Royal Thai Cuisine 79
Lavouras reais 82

PARTE 2
HISTÓRIAS E CORES 87

CAPÍTULO 6
Mercados 89
Chatuchack **91**
Or tor kor **93**
Mahachai Market **96**
Meaklong Market **99**
Night Markets **102**
Mercados flutuantes **105**

CAPÍTULO 7
Muito além da comida de rua 109
Grandes restaurantes **111**
Uma esfinge chamada Chinatown **121**

CAPÍTULO 8
Um capítulo à parte na Tailândia 131
Comidas típicas de lanna **134**
Sangue suíno e o Cowboy Lady **136**
Chiang Rai e o Golden Triangle **138**

CAPÍTULO 9
Entre copos e taças 143
Bares **145**
O surpreendente vinho tailandês **151**

CAPÍTULO 10
Pessoas 157
O dândi da cozinha thai **159**
A grande dama da gastronomia thai **161**
Futuro do pretérito **163**
Rainha da cena **165**

PARTE 3
RECEITAS 167
Técnicas e preparos **169**
Receitas **170 a 210**
Ao alcance de todos **213**
Bangkok **214**
Chang Mai **215**
Hua Hin **215**

Pósfácio 217
Índice de receitas 221
Agradecimentos 223
Sobre o autor 224

PREFÁCIO

O Cadu, como é mais conhecido o jornalista Carlos Eduardo, é um grande profissional. Conheço-o há muitos anos, e uma das coisas que acho particularmente interessantes sobre ele é sua busca incessante pelo inusitado, pelo desconhecido. O olhar arguto de repórter.

Nunca vou esquecer quando ele me levou pela primeira vez ao "Galinhada do Bahia", um lugar que muito poucos profissionais de cozinha conhecem aqui em São Paulo, nem mesmo os jornalistas. Foi uma grande experiência. Um local de comida ótima, feita por um senhor humilde, que veio da Bahia para demonstrar em São Paulo sua habilidade nas panelas.

Com isso, o Cadu me surpreendeu muito. Pensei: "como ele conhece esse lugar?". Mas logo entendi. O Cadu é um profissional que vai muito além do comum, na busca pelos detalhes. Extremamente perspicaz, ele demonstra isso neste livro, no qual nos ensina muito sobre a gastronomia da Tailândia – e também sobre o quanto ele compreendeu o elo que a comida desse país asiático tem com o Brasil, por meio dos laços comuns das influências portuguesas.

Neste momento em que vivemos, no qual tudo indica que o mundo, nos próximos 30 anos, será cada vez mais influenciado pelas nações de cultura asiática – não só na gastronomia, mas na política em geral –, este livro é extremamente oportuno.

Fica claro que o Cadu entendeu isso e sacou o quão importante seria "andar por aquelas bandas", a fim de traduzir para o leitor brasileiro a alegria de uma cozinha de influências ancestrais, seu colorido, frescor, exuberância, suas texturas e segredos. Tudo isso é muito bem descrito nesta obra.

Mas, mais que bom jornalista, o Cadu é um grande cara. Tenho muito orgulho em dizer que o conheço há muitos anos e que posso considerá-lo como amigo, nessa nossa longa estrada da cozinha. Fico feliz de poder realizar este prefácio para uma grande obra de um grande personagem. Competência, carisma, curiosidade – isso é o que é importante nele.

Chef Laurent Suaudeau

APRESENTAÇÃO

ENCONTREI O SANTO GRAAL

"Foodtruck o caramba"!
A frase, em alto e bom português (e trocando o "caramba" por outra expressão), não foi ouvida por mais ninguém (bem, não a entenderiam, de qualquer forma).

O paralelo foi inevitável. Anos atrás, estava eu curtindo sozinho a última noitada da primeira de minhas passagens pela Tailândia. Àquela altura, onze da noite, no coração de Bangkok, em pleno cruzamento nevrálgico das avenidas Rajdamri e Rajprarop, artérias seminais da capital tailandesa, eu acabara de ser agraciado com a dádiva de um *Crispy pork* comprado e devorado em plena calçada da nobre vizinhança – nacos do pescoço do suíno suculentamente fatiados, acompanhados de arroz pegajoso e molho *Nam prick*. Escolhi o *Crispy pork* desprezando, entre outros manás, lagostas e camarões enormes, frescos e baratíssimos, à espera de juntarem-se a algum curry e ao internacionalmente famoso *Sticky rice*. Paguei, creio, algo em torno de 50 ou 60 bahts (cerca de cinco ou seis reais).

Meu único problema naquela hora era arranjar uma cerveja gelada para rebater a graça alcançada, o que foi possível através dos raros ambulantes que, apenas tarde da noite, desafiam a rigorosa legislação local para vender sem licença o elixir (e bebidas em geral) nas ruas.

No Brasil, para onde embarcaria no dia seguinte, vivíamos então a descoberta das "feirinhas gastronômicas" e dos "foodtrucks", ambos supostamente inclusivos, democráticos, em meio ao crescente boom da moda da gastronomia no país.

Doce ilusão! A verdadeira "democracia" era aquela, logo ali, na minha frente.

A Tailândia foi um caso de amor ao primeiro *Green* curry. Devoção ante o *Tom yum* inicial. De lá para cá, tudo andou muito rápido.

Na realidade, é muito fácil enamorar-se da Terra dos Sorrisos. Cenários de sonho, infinitos templos dourados, praias maravilhosas, a agitada modernidade cosmopolita de Bangkok (das poucas grandes metrópoles do globo na qual, onde quer que se esteja, se está em relativa segurança), a magnitude do Rio Chao Phraya ("o rio dos reis"), a espiritualidade budista, a simpatia do povo, o gracioso sossego de cidades como Chiang Mai. Tudo conspira a favor.

E, claro, a comida, absolutamente central para a cultura do país.

Na Tailândia, ela é lúdica, imaginativa, artesanalmente concebida para apelar aos sentidos. Aromas e sabores intensos, texturas e combinações únicas, harmonizam-se e contrastam-se, em apresentações tão despojadamente minimalistas quanto belas.

Do alto de suas características únicas, é harmoniosa. Repleta de sutilezas, mas vibrante. Intensa e balanceada – um sabor jamais atropela o outro.

No Ocidente, tanto em variedade quanto em imaginação, comida de rua é algo limitadíssimo.

Aqui, cada esquina é uma usina de sabor, um show de sofisticação culinária – e, no entanto, tudo é muito, muito simples. Sem chefs, sem menus, sem garçons ou maîtres, sem "foodtrucks"... tudo concebido em estruturas minimalistas. Mas com resultados mágicos!

Estão lá os quatro elementos regentes das panelas thai: o doce, o salgado, o picante e o azedo, esperta fusão de influências orientais e ocidentais harmoniosamente condensadas em resultados primorosos.

> "O ALTO DAS MONTANHAS NÃO TEM MAIS SEGREDO PARA A GENTE. DESCALÇOS, CAMINHAMOS SOBRE O FOGO. NÓS TEMOS O ALIMENTO DOS DEUSES. NÓS NOS TORNAMOS IMORTAIS".
>
> — AMBROSIA, A REMINISCENT DRIVE

Tailandeses são possivelmente os maiores "snackers" da Ásia – estão sempre comendo. Assim, a toda hora do dia ou da noite, nenhuma rua ou calçada, dos centros urbanos às periferias, está livre de barracas fatiando *Green papaya salad*, fritando *Chicken satay*, ou fervendo *noodles*. Mesmo os famosos *night markets* têm esse status em boa parte devido a servir delícias fresquíssimas das seis da tarde à madrugada adentro.

E não falamos aqui apenas da comida thai feita a céu aberto – que o digam os excelentes restaurantes visitados ao longo de muitas andanças, Tailândia afora.

Da mesma forma, além dos clássicos, o longo trajeto percorrido me permitiu debruçar igualmente sobre tesouros pouco conhecidos, e seus ingredientes, sabores e técnicas de preparo.

A comida tailandesa representa talvez o melhor do Reino da Tailândia. Daí seu apelo internacional. O que os thais comem é basicamente o que oferecem a quem visita o país – sua cultura. Uma inimaginável erudição culinária, que remonta a séculos e séculos.

E que embute forte espírito comunitário: ainda que para o costume ocidental pegar um *noodles* em uma barraca de rua seja um almoço ou jantar como outro qualquer, tailandeses só consideram o ato uma refeição apenas se esta puder ser compartilhada com a família e/ou com os amigos – e comida junto com o onipresente arroz pegajoso, claro.

Nas palavras de chef McDang, totem da gastronomia thai: "Atenção não só com os ingredientes, mas com a aparência e o aroma! Nossa comida é intricada, complexa, mas simples. Em textura, cor, sabor, frescor, temos máximo cuidado com o detalhe... e usamos ingredientes com muitos benefícios medicinais. Tudo isso resulta em excelentes sabores, alguns deles, dos mais indefiníveis já alcançados na culinária".

Em 2017, em pool da gigante CNN, internautas de todo o planeta elegeram as "50 Melhores Comidas do Mundo", lista engrossada por não menos que sete das mais populares receitas thai. Isso explica muita coisa.

Convido o leitor a embarcar nesta deliciosa jornada em formato de livro-reportagem, cujo objetivo é homenagear a irresistível e ancestral herança culinária thai, nascida lá atrás, no antigo Sião, e ainda hoje presente nas cidades grandes e no interior do país.

Carlos Eduardo Oliveira,
Bangkok, primavera de 2017.

TAILÂNDIA HOJE

Outrora denominada reino do Sião, a Tailândia – oficialmente, Reino da Tailândia, a partir de 1939 – fica na Península Indochinesa (ou Indochina), localizada entre o sul da China e o leste da Índia, no sudeste asiático. Faz fronteira com Myanmar e Laos, ao Norte; a Leste, com o mesmo Laos e o Camboja; ao Sul, com a Malásia; e a Oeste, com a porção sul de Myanmar.

Com área de aproximadamente 513 mil quilômetros quadrados, o país tem uma população perto de 69 milhões de habitantes (budistas, em sua vasta maioria), o que faz dele o vigésimo mais populoso do mundo. O idioma oficial é o tailandês, e a moeda corrente é o *baht*.

Produtos manufaturados e, mais acentuadamente, a agricultura, são os setores mais fortes da economia tailandesa. Além disso, tendo a culinária como um de seus grandes apelos, o turismo é um importante ativo na economia da Tailândia – em 2016, o país recebeu cerca de 37 milhões de visitantes. As cidades mais requisitadas são os balneários como Phuket e Krabi (e suas praias paradisíacas), e o charme urbanoide de Chiang Mai e da capital Bangkok (Bkk), metrópole com cerca de nove milhões de habitantes.

A Tailândia foi dos poucos países asiáticos que escaparam à colonização europeia. Também não sofreu com violentos conflitos como a Primeira ou a Segunda Guerra Mundial, esta última de grande impacto na geopolítica asiática. O atual regime político é de monarquia constitucional, com o Primeiro-Ministro à frente do governo, e tendo o soberano herdeiro da Família Real como Chefe de Estado. Em 2014, houve o levante militar da frente *National Council for Peace and Order* (Conselho Nacional para a Ordem e Paz), que governa o país. Com a morte do rei Bhumibol Adulyadej, Rama IX (1927-2016), sucedeu-o no trono seu filho, Maha Vajiralongkorn Bodindradebayavarangkun, o atual monarca.

Comidas e Sabores

[PARTE 1]

A comida tailandesa

HISTÓRIA, REGIONALISMOS, A MESA THAI:
O CARÁTER ÚNICO DA COMIDA NA TAILÂNDIA

NO PRINCÍPIO, ERA O ARROZ

Historiadores apontam que o que se conhece hoje como culinária tailandesa começou a desenhar-se durante a Era Sukhothai (1238-1438). Usando lenha para cozinhar, os habitantes do então Sião alimentavam-se basicamente de vegetais, infusões, peixes e caças. E, claro, arroz. Registros ancestrais apontam o papel do grão como a fonte básica da alimentação na região já nesse período. Trata-se também do único alimento que, sabe-se, à época já era cozido (no vapor). Durante o período Sukhothai, há indícios de que técnicas de grelhar também já fossem conhecidas. Na ausência de outras fontes, a dobradinha frutas mais arroz era trivial no dia a dia da população.

Foi assim durante um longo tempo. Façamos um corte para a Era Ayutthaya (1350-1767), período em que o Sião tornou-se um reinado de riquezas, inclusive expandindo seus territórios. Um dos pilares de ruptura dessa alimentação primal veio na esteira da chegada dos portugueses à Ásia, sendo que os lusitanos foram os primeiros europeus a travar contato e estabelecer relações com o Sião – em um processo que ainda atravessaria gerações, as digitais lusas ficariam impressas indelevelmente no reino.

Tomates, batatas, milho, berinjela, ovos – as gemas até hoje estão presentes em vários doces tailandeses – e, acima de tudo, as pimentas trazidas de Portugal, abriram novos horizontes alimentícios para a futura Tailândia. Em negociações envolvendo diretamente a monarquia, esses víveres eram trocados por outros bens, notadamente a seda tailandesa. Índia, China e Pérsia (atual Irã), outros visitantes do Sião no período, também agregaram ao reino suas respectivas influências – *Nam pla* (molho de peixe) e *Shrimp paste* (pasta de camarão) foram legados da China, enquanto o leite de coco passou a ser usado sob eflúvios da Índia.

Os preparos da comida também evoluíram, e o cozimento de outros alimentos que não apenas o arroz começou a popularizar-se. No entanto, o grande rompimento com o passado foi mesmo a chegada da pimenta, que passou a ser cultivada e acabou gerando o preparo dos curries. Com a "adesão" do leite de coco, nasceram receitas que se tornariam verdadeiras instituições tailandesas,

como Green curry (curry verde), *Massaman* curry (este, de influência árabe), Yellow curry (curry amarelo, de influência indiana), Red curry (curry vermelho) e muitos outros.

A partir de 1782, o desenrolar do Período Rattanakosin (também conhecido como Império Rattanakosin) não só firmou Bangkok como a capital (Sukhothai, Ayutthaya e Thonburi, nessa ordem, foram capitais, anteriormente) como, ao longo do tempo, conduziu a comida praticada na Tailândia aos patamares hoje conhecidos. Plantas outrora de uso apenas medicinal (manjericão, coentro, alho, capim-limão, *galangal* etc.) transformaram-se em produtos de primeira ordem. Aliados às pimentas (e ao leite de coco), assumiram o protagonismo em diferentes combinações e preparos existentes até hoje. Outra novidade do período foi o desenvolvimento da técnica de pilar curries em potes de argila, vertendo ingredientes frescos em pastas consistentes, outro costume ainda em prática mesmo em tempos modernos.

Além disso, com a crescente abertura

do reino ao exterior, a maciça imigração de legiões de chineses a partir de 1882 (hoje, cerca de 40% dos tailandeses têm ascendência chinesa) trouxe a reboque os *noodles* (de diferentes tipos, incluindo o *flat noodle*, "massa gorda"), o tofu, o uso do carvão, a panela wok – uma revolução por si só – e as – até então desconhecidas – técnicas de frituras (inicialmente, com gordura de porco). A maioria desses imigrantes fixou-se em Bangkok e arredores; boa parte do contingente moveu-se para o Norte e para a fronteira com o Camboja.

E, se antes a força de trabalho da sociedade thai dividia-se apenas entre os que laboravam para o governo e quem servia diretamente à família imperial, as transformações sociais, com os chineses na dianteira, introduziram os primeiros hotéis e pontos de vendas de comida, matrizes dos futuros restaurantes. Foram também os chineses que começaram a vender sopas pelas ruas, origem de deliciosos pratos caldosos como *Tom ka gai* e *Tom yum*.

A SANTÍSSIMA TRINDADE DA MESA THAI

ARROZ

Perguntado sobre o motivo de estampar a capa de sua importante obra *The Principles of Thai Cookery* apenas com a singela foto de uma porção de arroz, o chef McDang, o grande mestre da gastronomia tailandesa, costuma responder: "Bem, este sou eu. Essa é a Tailândia". E ponto final.

Arroz (*Khao*) é, para os tailandeses o bem alimentar mais precioso, algo verdadeiramente central em sua alimentação. Não por coincidência, no idioma tailandês o verbo "comer" é grafado *kin khao*, literalmente, "comer arroz". Na lógica thai, não há a menor possibilidade de não se consumir arroz ao menos uma vez ao dia. Ele é o elemento central de qualquer refeição – as demais comidas o complementam.

Em lares thai, manda o costume que se comece a comer justamente pelo arroz. E aí vem a surpresa: em uma sociedade que preza que as refeições sejam preferencialmente coletivas, e as comidas compartilhadas por todos, à mesa, apenas um item é individual – justamente a cuia de arroz. Cada um tem a sua.

Ainda que inúmeras outras qualidades do cereal sejam cultivadas e estejam presentes no dia a dia, o tipo de arroz mais consumido no país é o famoso *Thai jasmine rice*, *Khao hom mali*, o arroz jasmim, de formato mais alongado, muito apreciado também no Ocidente por seu aroma único, textura e sabor suave.

Economicamente, o arroz também é crucial para a Tailândia. Sua produção representa uma parte significativa tanto no PIB quanto em força de trabalho – estima-se que existam 16 milhões de fazendeiros de arroz na ativa, atualmente. Contexto que faz do país um dos grandes *players* do setor – mais precisamente, o quinto maior produtor do mundo, com aproximadamente 27 milhões de toneladas colhidas no biênio 2016-2017. A China é o maior importador do arroz tailandês, que tem nos Estados Unidos outro bom cliente, com um total de 400 mil toneladas importadas anualmente.

Aos olhos tailandeses, há diferentes significados em estar-se diante de uma porção do Sagrado Grão – alimentar-se é apenas uma delas. Talvez por isso o arroz seja o único ato solitário no ritual de uma refeição. Tal qual em uma sessão de cinema, que cada um encontre a sua verdade.

NAM PLA

Se existe um ingrediente presente em praticamente todos os preparos culinários tailandeses, este é o *Nam pla*, o conhecido *fish sauce*, molho de peixe. Sua história no país é ancestral. No passado, tinha grande valor econômico agregado e era transportado em gigantescos potes de argila, de capacidade colossal. Facilmente identificável pelo sabor e aroma fortes ("o queijo Camembert tailandês", brincam estrangeiros), é obtido a partir do peixe fermentado. Sua função fundamental é o toque salgado nas receitas, substituindo o sal cristalizado, de pouco uso na culinária thai. (Curiosamente, na

Tailândia o sal industrial é mais identificado por sua combinação com frutas – com ou sem açúcar, às vezes com uma leve pimenta. São famosas e populares as porções doce-salgadas-apimentadas de manga verde, abacaxi ou papaia).

O uso de *Nam pla* tem de ser parcimonioso. Além de item fundamental em qualquer comida, é cultuado também como importante fonte de proteínas, contendo vários tipos de nutrientes (vitaminas A e C, ferro, cálcio, magnésio etc.).

A astronômica demanda por *Nam pla* na Tailândia faz com que o modelo de negócio no país ainda carregue o traço cultural de pautar-se em larga escala em pequenos e médios produtores, enquanto as grandes indústrias ocupam-se mais em exportar o grosso de suas produções para o restante da Ásia – em escala avassaladora. É muito comum empresas familiares atravessarem gerações atuando no ramo. Caso, por exemplo, da Saeng Thai Seafood, nos arredores de Bangkok.

Fundada em 1946, a companhia encontra-se agora em mãos da terceira geração da família. No passado, tiveram seus próprios barcos de pesca, e a área externa do pátio onde a empresa ainda funciona servia como uma espécie de porto particular. Hoje, como acontece com muitos produtores, compram peixe de terceiros.

O processo de fabricação é simples, 100% natural e sem conservantes, gerando um produto final livre de colesterol e gorduras ruins. O peixe mais comum é a anchova, ainda que outros peixes também sejam usados. Em enormes tanques de fermentação, o pescado recebe apenas sal marinho e é deixado para fermentar por períodos que variam entre 12 e 18 meses; a próxima etapa é a filtragem, onde, ao receber o acréscimo de um pouco de açúcar, o molho de peixe já está pronto para ser engarrafado. Uma vez pronto, o *Nam pla* dura até dois anos – em geladeira, um pouco mais.

Dependendo do grau de pureza desejado, acontecem uma segunda e uma terceira filtragem, para obter molhos de estirpes menos nobres. A primeira filtragem gera o *Nam pla* mais refinado, consequentemente mais caro, quando chega ao mercado. Importante dizer, a exemplo de azeites de oliva, há molhos de peixe de diferentes graus de pureza, de acordo com a função a que se destinam (para uso doméstico, em restaurantes etc.).

A Saeng Thai Seafood produz atualmente cerca de 100 toneladas por mês. Os proprietários orgulham-se de que o modelo da produção seja totalmente sustentável, já que todo o residual descartável transforma-se em adubo. No mercado interno tailandês, a marca é sinônimo de qualidade. Um de seus diferenciais são os rótulos criativos, facilmente identificados nas prateleiras. Fato importante, já que o simpático clã possui mais de uma dezena de diferentes marcas de *Nam pla* (e ainda pasta de camarão, açúcar de coco etc.), encontrados nos comércios mais populares até os centros de compras mais badalados. A empresa exporta também para o Laos, Myanmar, Camboja e Filipinas.

CURRY O DIA INTEIRO!

Cena da vida real: em uma cozinha tailandesa, a família decide sobre os pratos das refeições do dia. "Qual curry? Verde? Vermelho?", alguém pergunta. E é assim que funciona: em lares thai, primeiro escolhe-se o curry, para, depois definir os ingredientes que o acompanharão (porco, frango, peixe, *noodles*, o que for). Escolhidos o curry e os acompanhamentos, só então são definidos os demais pratos.

Isso dá a dimensão da sua importância para a alimentação diária na Tailândia. A título de ilustração, crianças na primeira infância fartam-se com curry várias vezes ao dia, incluindo aí o café da manhã. E a merenda escolar.

Quando se fala em curry tailandês, falamos do condimento em si, uma mistura pastosa que, acrescida de outros ingredientes, torna-se um preparo final fluido, caldoso,

O coringa

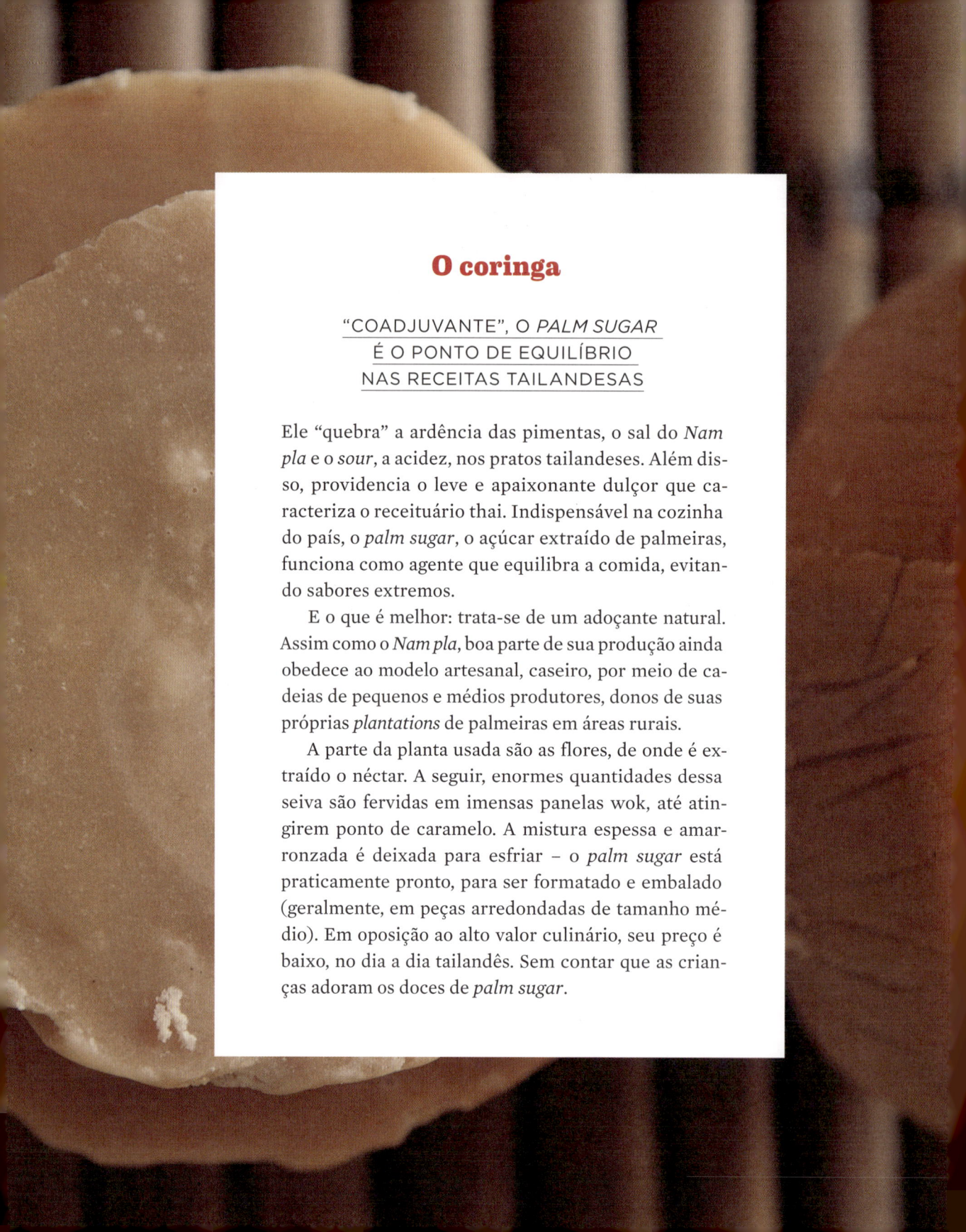

"COADJUVANTE", O *PALM SUGAR* É O PONTO DE EQUILÍBRIO NAS RECEITAS TAILANDESAS

Ele "quebra" a ardência das pimentas, o sal do *Nam pla* e o *sour*, a acidez, nos pratos tailandeses. Além disso, providencia o leve e apaixonante dulçor que caracteriza o receituário thai. Indispensável na cozinha do país, o *palm sugar*, o açúcar extraído de palmeiras, funciona como agente que equilibra a comida, evitando sabores extremos.

E o que é melhor: trata-se de um adoçante natural. Assim como o *Nam pla*, boa parte de sua produção ainda obedece ao modelo artesanal, caseiro, por meio de cadeias de pequenos e médios produtores, donos de suas próprias *plantations* de palmeiras em áreas rurais.

A parte da planta usada são as flores, de onde é extraído o néctar. A seguir, enormes quantidades dessa seiva são fervidas em imensas panelas wok, até atingirem ponto de caramelo. A mistura espessa e amarronzada é deixada para esfriar – o *palm sugar* está praticamente pronto, para ser formatado e embalado (geralmente, em peças arredondadas de tamanho médio). Em oposição ao alto valor culinário, seu preço é baixo, no dia a dia tailandês. Sem contar que as crianças adoram os doces de *palm sugar*.

que por sua vez pode conter um universo de possibilidades e combinações – e que é sempre escoltado pelo emblemático arroz pegajoso. Qualquer comida com a palavra *Gaeng* (por vezes grafada *Kaeng* – "tempero líquido grosso") indica um "curry com alguma coisa".

No abecedário da cultura tailandesa, trata-se de mais uma adaptação multiétnica. Assim como os *noodles* são uma das contribuições da imigração chinesa, o curry foi adotado e adaptado na Tailândia por influência da Índia – o país exerceu predominante influência (social, cultural, política) em todo o sudeste asiático durante centenas de anos, até aproximadamente o século XV, deixando um legado que vai da religião (o budismo) aos costumes. O termo "curry" seria um derivativo da expressão tâmil *kari*, usada na Índia ancestral para descrever um tipo de prato de sabor intenso e aroma herbáceo, causados pelo uso de condimentos e ervas em seu preparo.

A mesa tailandesa apresenta muitos tipos e variações de curries, que utilizam diferentes temperos e ervas e uma quantidade sempre variável de ingredientes. Porém, o verde (Green curry) e o vermelho (*Red curry*) são os mais populares, aqueles encontráveis (literalmente) em qualquer esquina, de restaurantes sofisticados a barracas e quiosques especializados para comer *in loco* ou levar para viagem.

Ambos os curries, verde e vermelho, apresentam algumas variações regionais (maior ou menor dulçor pelo uso de *palm sugar*, por exemplo); entre os dois alinha-se uma infinidade de outros, como o sempre presente Yellow curry (curry amarelo) ou o apreciadíssimo *Massaman* curry (de influência árabe, leva batatas), ótimo com carnes em geral (bovina, inclusive).

Em todas as receitas, a base são os *chilies*, as pimentas frescas. O curry vermelho é a base de pimentas da mesma cor, distintamente maiores que as demais; já a essência do curry verde são as pequenas pimentas esverdeadas, "quentíssimas", muito mais que as vermelhas. Na Tailândia, o comensal cedo ou tarde aprende que morder uma dessas, mesmo acidentalmente, terá seu "preço".

A "pegada", o agradável grau de ardor/sabor no palato proporcionado pelos curries tailandeses vem justamente da combinação dessas pimentas com *Nam pla*, *échalotes* (cebolinhas), *lemongrass* (capim-limão), *kaffir lime* (limão kaffir) leite de coco, *galangal* e vários outros condimentos, juntos e misturados, resultando em uma pasta colorida extremamente aromática e saborosa.

É essa alquimia que propicia o teor edificante, culinariamente falando, do curry tailandês. Que ninguém se assuste: as primeiras experiências podem trazer, sim, um quê de estranhamento a paladares ainda não iniciados. Mas isso logo passa. Principalmente porque os curries são verdadeiras usinas de sabor e não se deixam encobrir por seu teor apimentado. Seu efeito no palato é relativamente breve e raramente "mata" a língua, encobrindo o que vem a seguir.

A recompensa não demora. Aos poucos, aprende-se a apreciar um curry mais grosso, consistente (os favoritos do autor), ou mais leves, líquidos, igualmente bons. Lembrando que, como já foi observado, a saborosa picância de um curry só funciona como deve se balanceada com os demais sentidos-chave da cozinha tailandesa: doce, salgado e azedo.

Assim como acontece com a produção de Nam pla, os curries industrializados – há excelentes, extensamente utilizados, em prateleiras de supermercados – não inibem a produção artesanal em larga escala. Em certas áreas de Bangkok, logo pela manhã, com um pouco de sorte, ouve-se a sinfonia dos pilões nas cozinhas, batendo os ingredientes em potes de argamassa. É o curry diário da família *in progress*. Grande parte dos tailandeses, por outro lado, opta por comprá-lo nas incontáveis feiras e mercados de rua, seja já incorporado a um prato pronto, ou o curry em pasta, para combiná-lo a outros pratos em casa. Ambos os casos confirmam a importância da produção artesanal de curry no dia a dia tailandês.

Na Tailândia rapidamente se aprende que poucos encontros carregam mais a identidade do país à mesa do que o do curry com o arroz pegajoso. Cozinheiros thai creditam isso à alquimia formada pela presença de *chilies* junto com os demais ingredientes, combinação que, afirmam, "abre" o palato e estimula o apetite. O fato é que, sempre que um curry é derramado sobre o *Sticky rice*, isso nos faz comer mais e mais.

NAM PRICK, O MOLHO DE TODA HORA

No receituário tailandês, o *Nam prick* poderia ser catalogado como "pau pra toda obra". A amplitude de sua polivalência no papel de agrega-sabores vai de acompanhar infinitos tipos de guarnições, *finger foods*, aperitivos etc., a peixes e frutos do mar. Sua receita leva *Nam pla*, alho, *chilies* (pimentas), *lemongrass* (capim-limão), cebolas, alho, berinjela e, frequentemente, pasta de camarão (*Shrimp paste*).

O resultado é um *dip*, ou salsa, ou pasta, mais para o espesso, mas que, a depender da região, pode ser mais fluido. É servido em cuias, ou pequenos *bolws*, que ocupam o centro da mesa. Há *Nam pricks* industriais, mas muitos thais ainda usam o método tradicional: socando os ingredientes no pilão. Uma coisa é certa: você o encontrará em toda a Tailândia.

OS ESSENCIAIS

Um resumo do que nunca – mas nunca mesmo – falta em uma cozinha tailandesa

CHILIES (PIMENTAS)
Historiadores até hoje discutem como uma plantinha que chegou ao país no século XVI pode ter mudado o curso da nação. Em meio à grande variedade, as mais empregadas são a vermelha, a verde e a amarela. Tailandeses as usam de acordo com o nível de picância pretendido para um determinado prato.

TURMERIC (AÇAFRÃO)
Usado seco ou fresco (o que é muito melhor), é essencial em pratos tailandeses, de grande proeminência especialmente na cozinha do Sul. Fundamental no preparo de curries.

KAFFIR LIME (LIMÃO KAFFIR)
Um dos responsáveis pela dificuldade de uma fiel reprodução da culinária thai fora do país, o limão kaffir agrega à comida nuances que não são encontrados em cítricos similares. O que muitos desconhecem é que não é o suco do fruto que é usado, mas sua pele. Isso vale para os curries. Para a comida em si, são usadas as folhas.

LEMONGRASS (CAPIM-LIMÃO)
Cozinheiros thai usam apenas a pontinha púrpura, arroxeada – é onde residem os óleos essenciais. O resto é descartado.

GALANGAL
Seu teor herbáceo dá toques de frescor às comidas. Apelidado "gengibre thai", é muito confundido com o gengibre tradicional, de raro emprego na Tailândia, salvo em pratos de origem chinesa.

CORIANDER (COENTRO)
Ao contrário da cozinha brasileira, na Tailândia usam-se apenas as sementes (para enaltecer o sabor dos curries).

BASIL (MANJERICÃO)
Três diferentes tipos são usados. O mais importante e utilizado é o *lemon/mint basil*, de fragrância acentuada. E leve dulçor.

SHALLOTS (ÉCHALOTES)
Bonitinhas, redondinhas, tailandeses jactam-se de que as *échalotes*, as cebolinhas asiáticas, são menos aquosas que as ocidentais. Sua relevância na cozinha vem da intensidade de sabor presente em seus óleos essenciais.

GARLIC (ALHO)
Na Tailândia, os alhos são pequenos e delicados, sem grandes bulbos, e levemente apimentados. O tamanho diminuto concentra mais o sabor e a intensidade de seus óleos.

SUCO DE TAMARINDO
O agente da acidez na cozinha tailandesa. Dele vem boa parte do quesito *sour* ("azedo"), um dos fundamentos da comida do país.

SHRIMP PASTE (PASTA DE CAMARÃO)
Elemento essencial em diversos molhos e preparos, entre eles, os curries. É feito à base da fermentação de pequenos crustáceos. O município de Samut Songkram, a 60 quilômetros de Bangkok, produz *Shrimp paste* cuja qualidade é referência nacional.

PRATOS ICÔNICOS

A missão não é lá tarefa fácil: elencar, sob uma ótica estrangeira, os pratos mais caros ao paladar tailandês. Entretanto, a oportunidade de visitar algumas vezes o país descomplica a situação, a partir da constatação de que é a extrema simplicidade o fator que dá o brilho ao que admiramos no exterior como "culinária tailandesa" – alguns pratos simplesmente são "a cara" do país.

ARROZ PEGAJOSO, O CAMPEÃO

Não existem na Tailândia refeições sem o lendário *Sticky rice*.

Durante muito tempo, antes de ir pela primeira vez à Tailândia, meu pouco conhecimento sobre a culinária do país limitava-se a não muito mais que as versões de curry verde com arroz pegajoso servidas em endereços de inspiração thai do Rio de Janeiro e de São Paulo.

Eu sabia que muito possivelmente não estava comendo exatamente como na Tailândia e que, por vários motivos (um deles, os ingredientes), adaptações eram necessárias. Ainda assim, adorava o encontro dos dois mundos – arroz e curry. Já nessa época, gulosamente, ficou claro para mim um mantra thai que nunca é demais repetir: quando um curry tailandês, qualquer que seja ele, é derramado sobre arroz pegajoso, nos faz comer mais e mais. E mais um pouco ainda.

Na Tailândia, aprende-se a importância e o lastro cultural que o arroz tem para a sociedade como um todo. E de como o *Khao neow*, o arroz pegajoso, o *Sticky rice*, é parte indissociável do cotidiano alimentar. Quando falamos em comer na Tailândia, automaticamente falamos também de arroz pegajoso. Simples assim.

Sua origem milenar remonta ao Norte e Nordeste do país. Após a cozedura no vapor, os grãos tornam-se particularmente pegajosos, glutinosos, no sentido de que grudam nos dedos (e não no sentido de conter glúten). A cor é um tantinho mais branco-leitosa do que a dos tipos de arroz consumidos no Brasil. Uma piada recorrente na Tailândia – e em algum momento você provavelmente a ouvirá do seu guia – brinca que, se a pessoa está sonolenta, ou necessita de um cochilo, é porque comeu muito *Sticky rice*, que é considerado uma poderosa fonte de energias.

Há ciência na anedota: como é altamente calórico, o arroz pegajoso exige mais do organismo durante a digestão do que outros tipos de arroz, causando eventual sonolência.

Na Tailândia, *Sticky rice* é o que todos, sem exceção, comem a partir da primeira infância. Não é apenas parte de uma refeição, mas parte da referência cultural tailandesa. Para famílias fora das grandes metrópoles, seu consumo ainda hoje é agente de socialização com os seus, durante as refeições familiares.

Na rotina diária dos tailandeses, o arroz glutinoso é geralmente preparado bem cedo na parte da manhã. Rotineiramente, é acondicionado dentro de uma cesta de bambu artesanal específica para esse fim, chamada *kradib khao*, que é colocada no centro da mesa na hora das refeições. Em lares/famílias mais urbanos, ou em restaurantes, o arroz pegajoso vem à mesa em pequenos potes individuais. Quanto às barracas e estabelecimentos de comida de rua, não tailandeses, acostumam-se facilmente à rotina de comê-lo diretamente de sacos plásticos transparentes, misturados ou não com outras comidas. Folhas de bananeira também são usadas para este fim, mas raramente.

Uma vez na Tailândia, o viajante comerá *Sticky rice* com praticamente tudo o que experimentar.

TODO-PODEROSO PAD THAI

De origem curiosa, o prato oficial tailandês remonta a uma iniciativa política do governo

Andando pelas ruas das grandes cidades tailandesas, não é difícil encontrar modernas unidades de redes de *fast food* dedicadas unicamente à comida local – caso da ótima Thai Express, insistentemente visitada pelo autor. Você entra e, na dúvida (em geral os menus são apenas em thai, e os atendentes não falam um bom inglês), faz uma aposta de segurança: *Pad thai*, sem margem para erros. Bingo! Com a certeza de que aquele foi o seu melhor *Pad thai* até então, você volta mais uma, duas, várias vezes ao local. Até descobrir outro *Pad thai* e... bem, na Tailândia logo se aprende que não há muito como ser "fiel" quando o assunto é o carro-chefe do país.

E isso não apenas em terras tailandesas, já que o *Pad thai* é internacionalmente identificado e reconhecido como tal. Detalhe: mesmo sem ser o mais consumido em suas fronteiras, posto provavelmente pertencente ao *Som tam*, a igualmente famosa salada de papaia verde (sim, o arroz pegajoso é *hors concours* e não entra na "briga").

O sucesso do *Pad thai* entre ocidentais tem muito que ver com o fato de, em termos de pimentas e temperos, ele ser completamente "inofensivo", digamos, se comparado com os divinos sabores extremos de muitos dos pratos thai.

A receita que em sua versão original leva *noodles* de arroz fritos, camarões graúdos, ovos, tofu, broto de feijão, amendoim e molho de tamarindo nada tem de ancestral: nasceu no século XX, mais precisamente, na década de 1930. Sua essência é, como tantos outros preparos tailandeses, inegavelmente chinesa, a começar pelos ingredientes. Mas, nesse caso em particular, os próprios tailandeses tomaram a frente.

A versão de como surgiu o *Pad thai* dá conta da onda de extremo nacionalismo que sucedeu a Revolução Siamesa de 1932, evento crucial da história recente do país, ponto final em 150 anos de absolutismo da Dinastia Chakri e quase 800 anos de domínio dos reis ao longo da história do então Sião – como país, a Tailândia só surgiria em 1939.

Com a revolução, surgiu a primeira Constituição do país. Como parte dos esforços em aproveitar o *momentum* e reforçar fortemente a identidade nacional, as autoridades promoveram algumas estratégias de governo.

É provável que muitas versões de *noodles* fritos já existissem. Mas fontes dão conta de um concurso nacional de receitas promovido pelo novo governo, em busca de um novo prato de *noodles* que exemplificasse o momento. Desse concurso teria surgido o *Pad thai*, que não por acaso levou o nome da "nova nação" – Tailândia (o nome completo, *Kway teow pad thai*, significa algo como "*noodles* fritos à tailandesa").

A partir de sua eleição, o prato tornou-se política de Estado: amparado por forte propaganda, o governo instituiu uma receita-padrão e tratou de incentivar comerciantes e afins a cozinharem-na nos carrinhos de rua – que já proliferavam em Bangkok. Da capital, o *Pad thai* emanou para o restante do país.

Comer *Pad thai* tornou-se, então, um gesto patriótico.

Existe ainda a corrente dando conta de que as muitas privações (de arroz, principalmente) que afetaram a Ásia durante o período da Segunda Guerra Mundial (1939-1945) seriam outro dos motivos para que o governo incentivasse o grande consumo de *noodles*, por meio do *Pad thai*.

Para o bem dos apreciadores, o inconfundível maná representa a Tailândia em todo o mundo.

ADORÁVEL AZEDINHA

Apontado pela CNN como uma das maiores delícias do planeta, o *Som tam* reúne frescor e (muita) ardência na mesma garfada

Toda refeição thai envolve uma salada. O estrangeiro em passagem pela Tailândia verá que, na imensa maioria dos casos, é o *Som tam* que vem à mesa. Sim, a salada de mamão papaia verde é outro dos grandes ícones culinários do país, e os tailandeses orgulham-se de prepará-la e servi-la a seus convidados – na verdade, é até surpreendente o nível de adoração que ostenta por toda a parte.

Trata-se de uma das combinações mais simples e mais *spicy*, mais apimentadas, que se pode encontrar entre as comidas thai. E que, graças ao uso de suco de tamarindo, fica ainda mais potente, por conta de um alto grau de acidez – a iniciantes, é recomendável certo grau de prudência, no começo. Seu magnífico colorido engana.

A recompensa não demora. Estão lá os quatro mandamentos da culinária thai: doce, azedo, salgado e apimentado. Combine-a no prato com arroz pegajoso e o matrimônio é perfeito: o leve dulçor do arroz contrasta, às maravilhas, com a aspereza ácida e o estaladiço da salada.

Além dos temperos habituais (molho de peixe *Nam pla*, pimentas, suco de tamarindo), os principais ingredientes são camarões secos, amendoim torrado e quantidades pra lá de generosas de tiras de mamão papaia verde finamente cortadas – convenhamos, não tem como dar errado.

A curiosidade é que, apesar do seu alto grau de "octanagem", a salada de papaia verde é muito leve. E extremamente refrescante.

Originária do Laos, a receita sofreu adaptações locais, ao longo do tempo. Consagrou-se mundialmente quando passou a ser listada em grandes pesquisas da gigante americana das comunicações CNN acerca das 50 mais deliciosas comidas do planeta. Nada mal.

TRINCA DE ASES

Jamais visite a Tailândia sem prová-los

CURRY VERMELHO
O preferido deste escriba dentre a variada paleta de curries tailandeses. Extremamente aromático, caldoso, vai bem com tudo, casa com tudo, deixa-se comer com tudo: frutos do mar, peixes, *noodles*, frango, carne de porco, pato, vegetais e até os raros preparos thai com carne de gado. Arroz pegajoso? Bem, foram feitos um para o outro. Multifuncional, deve muito de sua polivalência ao leite de coco e à presença de limão *kaffir*. Companheirão de todas as horas.

TOM KHA GAI
Outro prato seminal a quem quer que visite o país do sudeste asiático. Trata-se de uma sopa de coco com fatias de galinha. Ou vice-versa. Branco-cremosa, delicada, de aroma adocicado, a princípio não revela seu alto teor de picância. Mas ele está lá, equilibradamente saboroso, com o gengibre, o manjericão e o coentro. Um clássico absoluto.

TOM YUM GOONG
A começar pela beleza estética, se a alma tailandesa coubesse em uma única receita que não o *Pad thai*, está aqui a candidata. Sua base é o *Nam prik*, *relish* de pimentas thai que turbina o sabor de enormes camarões (na versão tradicional) e compõe um equilíbrio "intoxicante" de sabores com os demais coadjuvantes (capim-limão, leite de coco, *palm sugar*, tomates, cogumelos etc.). Com o *Tom yum*, é jogo ganho: quem experimenta, logo o adiciona à sua lista de favoritos.

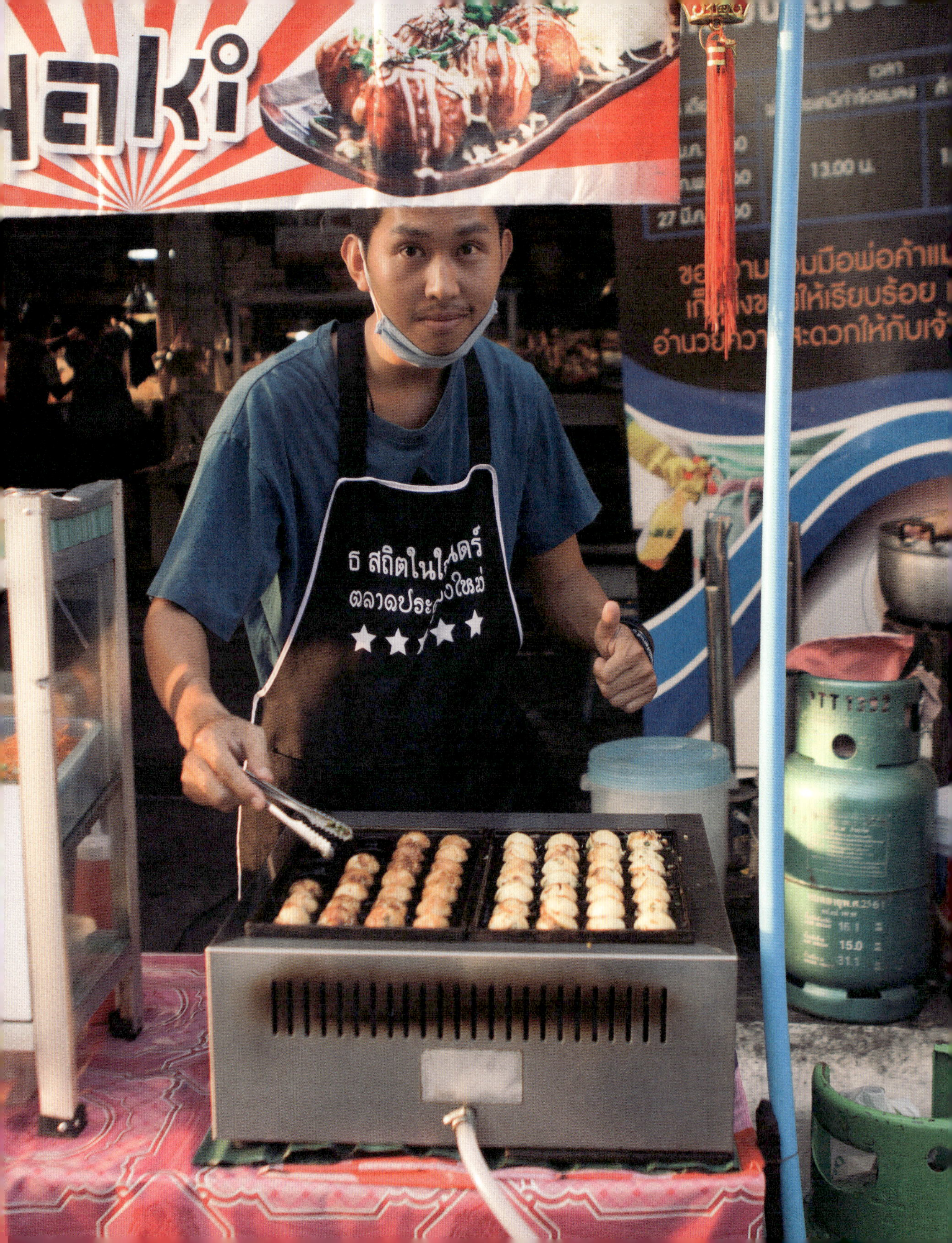
13.00 น.

Comida de rua

CAÇA AOS TESOUROS

A experiência é verdadeira e aconteceu mais de uma vez: pergunte a um tailandês sobre o conceito de "comida de rua". Use a expressão *street food*. Após segundos de hesitação por não entender do que se está falando, ele devolve: "Ah, você quer dizer a cultura, certo?".

"Comida de rua" é uma ocidentalização, um termo inexistente para os tailandeses, que no seu cotidiano utilizam a expressão coloquial "sair para comer *noodles*". A "cultura" ao que o amigo de Bangkok se refere é a herança da imigração chinesa, que há quase dois séculos introduziu no Sião os primeiros pontos de venda de comida nas ruas (mais tarde, também os restaurantes e hotéis), modelo que com o tempo foi sendo copiado pelos tailandeses.

Pelos dados oficiais da administração pública de Bangkok, sabe-se que a cidade tem cadastrados cerca de onze mil ambulantes, licenciados para vender comida e congêneres nas ruas da cidade. Periodicamente testados pelas autoridades quanto a seu grau de limpeza, quando aprovados, recebem um cartão verde-azulado onde se lê "Clean Food, Good Taste" ("Comida Limpa, Gosto Bom"), que tem de estar à vista dos consumidores.

O que induz a pergunta: na Tailândia, o que é considerado "comida de rua"? Na definição oficial da Administração Pública de Bangkok, "um local ao ar livre com não mais de três paredes". De acordo com o órgão, esses estabelecimentos dividem-se em quatro categorias:

MÓVEIS
carrinhos, motorizados ou não, especializados em "para viagem"; podem ter poucas mesas ao seu redor.

MADE TO ORDER ("POR ENCOMENDA")
comerciantes de pontos fixos, com uma extensa bancada onde dispõem grande variedade de produtos e ingredientes muito, muito frescos (incluindo carnes, peixes e frutos do mar).

Este último item, que impõe a existência de ao menos uma especialidade para cada comerciante, é uma das premissas mantidas pela Administração Pública para conceder licenças.

Quanto a horários, não há um padrão: por toda a Tailândia, sempre haverá um local vendendo comida na rua a qualquer hora do dia ou da noite.

Esse conceito de comida a céu aberto remonta às influências da imigração chinesa, cujo início data do século XIII. Por volta do século XIX, os chineses já formavam um importante segmento da sociedade tailandesa, a ponto de fazer surgir a expressão "viajar com esteira e pote" – alusão à posição adotada pelos imigrados (e seus apetrechos) ao vender comidas tradicionais chinesas por toda Bangkok e demais cidades. Nascia, assim, o importante relacionamento do país com a comida feita e consumida nas ruas. Hoje, a comunidade chinesa no

SHOPHOUSES
geralmente, ex-donos de carrinhos que evoluíram para uma estrutura maior, com mesas nas ruas e/ou calçadas, e uma área interna – mas sem bancadas externas.

CURRY *RICE*
locais especializados em vender não apenas *curries* prontos para consumo, mas também *styr fries*, refogados preparados em uma panela wok, que podem mudar no dia a dia – mas é obrigatório haver uma especialidade "da casa" que nunca saia do cardápio.

país é a maior, mais antiga e mais bem integrada fora da China.

O que começou apenas com *noodles* e potes de arroz, para trabalhadores braçais apressados, evoluiu ao longo do tempo para um extenso arsenal de *snacks*, saladas, sopas, doces, curries etc. Dados oficiais estimam que a comida de rua na Tailândia movimente hoje cerca de 800 bilhões de *bahts* por ano – algo perto de 25 bilhões de dólares.

Descontada Chinatown, que comporta um capítulo à parte, segue um apanhado básico com alguns dos ótimos locais visitados em Bangkok seguindo dicas preciosas de *bangkokians* – a localização por bairro ou região aparece indicada, na sequência do nome. À sua maneira, todos são famosos por uma ou outra especialidade. E baratíssimos. Parafraseando o síndico Tim Maia, vale tudo: o critério é variado e aberto.

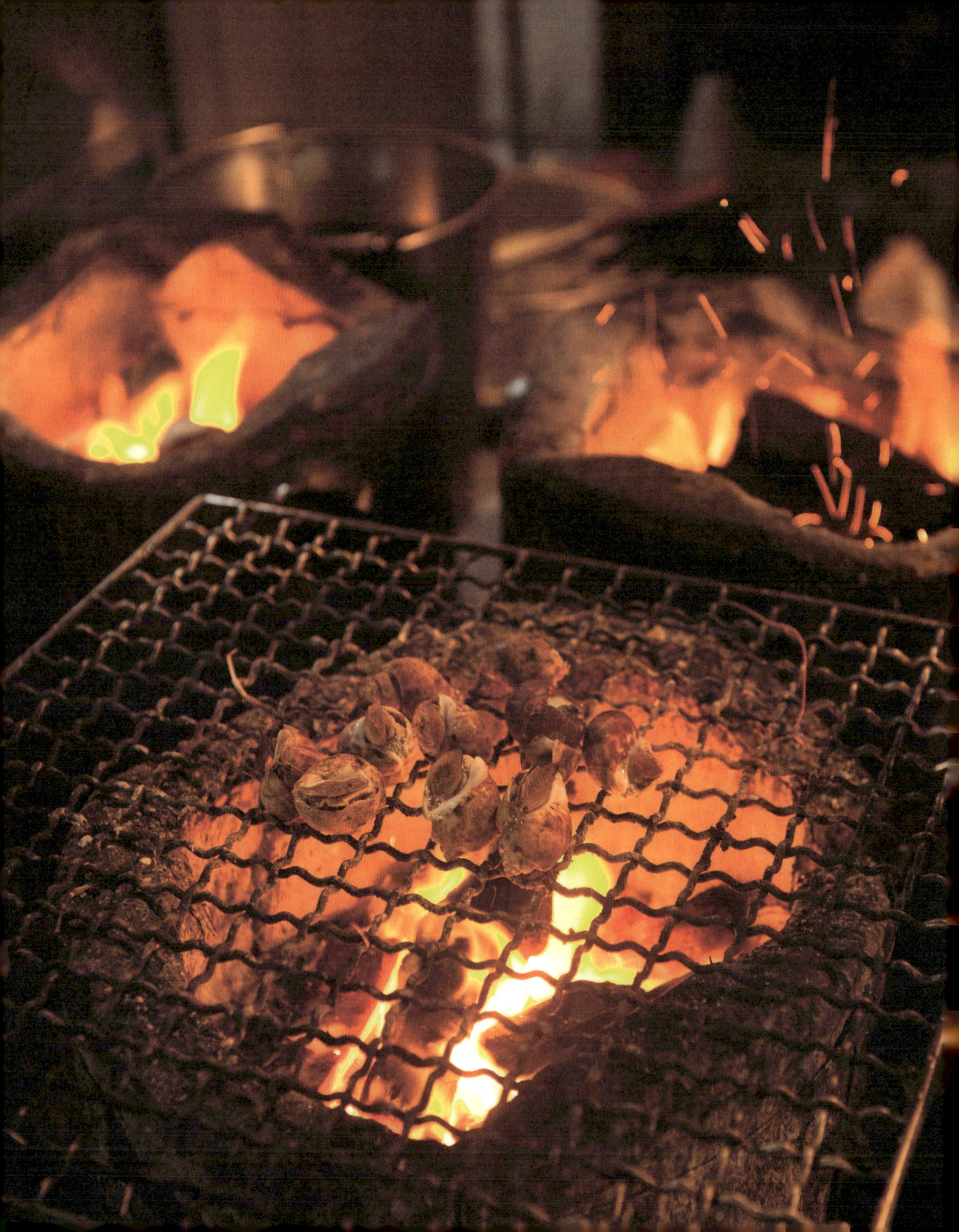

BANGKOKIANS

A localização por bairro ou região aparece indicada, na sequência do nome

PATONGKO SAEOEI (BAMGLAMPHU)
Difícil imaginar a quantidade de massa frita diariamente, pelo simpático casal proprietário, de seus bolinhos salgados conhecidos como *Patongko*, ou "ossos do Imperador": apenas massa ao estilo chinês frita. Dizem que a Família Real tailandesa faz encomendas secretas deles.

KHAO KLUK KAPI PHRA ATHIT (PHRA ATHIT ROAD)
Lugar pequeno perto da famosa Khao San Road, passarela de turistas. Mesmo para padrões thai, a combinação é um tanto difícil de achar. No substancioso *khao kluk* kapi, juntam-se ao arroz frito com pasta de camarão o crustáceo em si, e mais manga verde, ovos, *noodles*, carne de porco adocicada e linguiça chinesa... ufa!

POLO FRIED CHICKEN (SILOM SATHORN)
Pouco fã de carne vermelha, o tailandês é dos povos mais fanáticos que conheci por frango frito. Inscrito na categoria "se puder, não deixe de ir", o Polo Fried Chicken tira a galinha do espetinho (o *Chicken satay*, espeto de frango, é popularíssimo) e a coloca no prato, ladeada por generosas porções de *Som tam* (salada de papaia verde). A fama de melhor frango frito de BKK moveu até a rede americana CNN para gravar matérias aqui.

CHONGKI (HUALAMPHONG)
Outra lenda das ruas tailandesas são os *satays*, os famosos espetinhos, praticamente onipresentes (quase) em toda esquina. Entre o de frango e o de porco adocicado, a concorrência é dura. Camarões e lulas também travam intensa disputa. Assados no carvão, no Chongki a vantagem é dos suínos – que ardem na grelha e vêm com molho apimentado de amendoim, pepino e cebola. O pão tostado é brinde da casa.

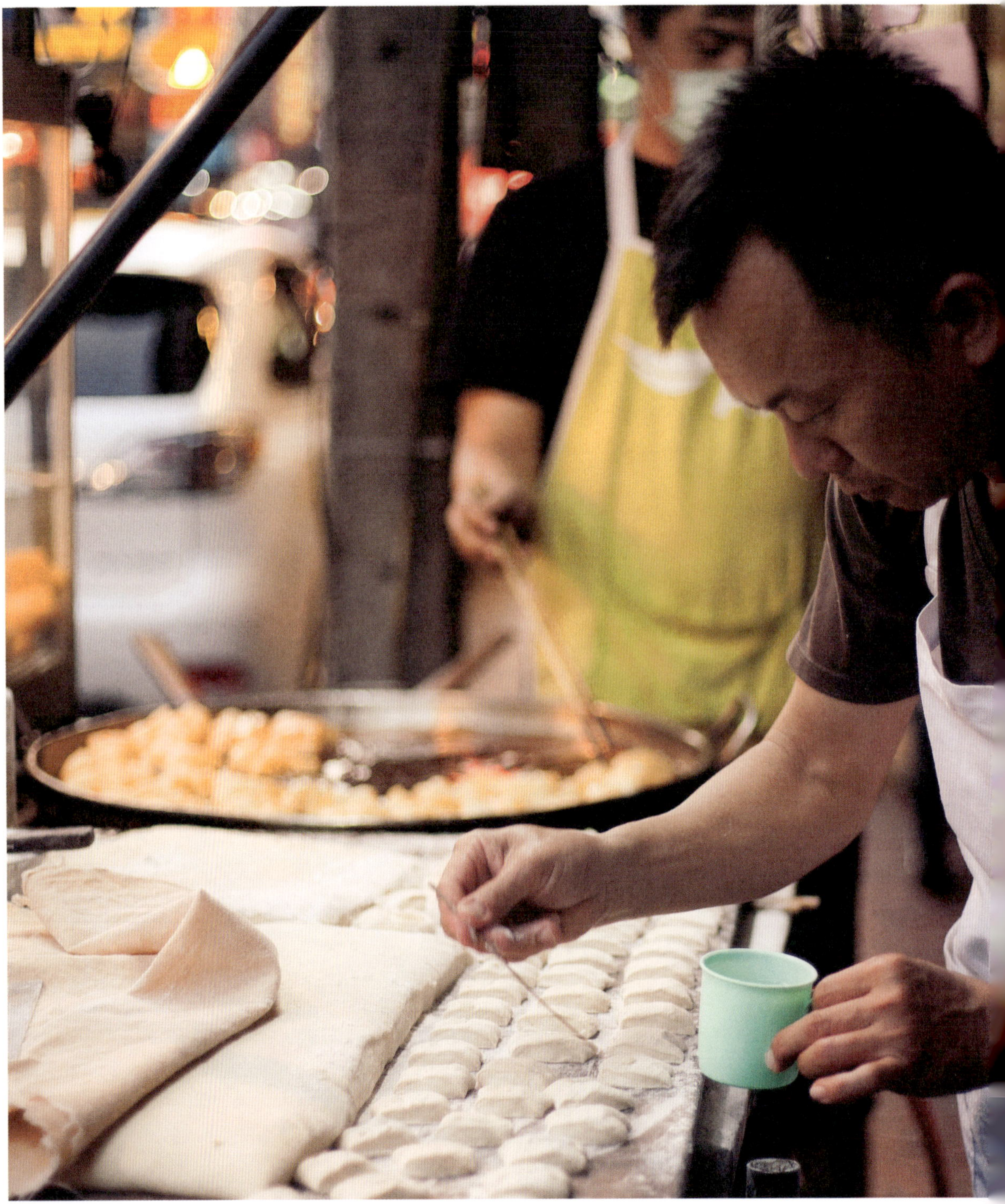

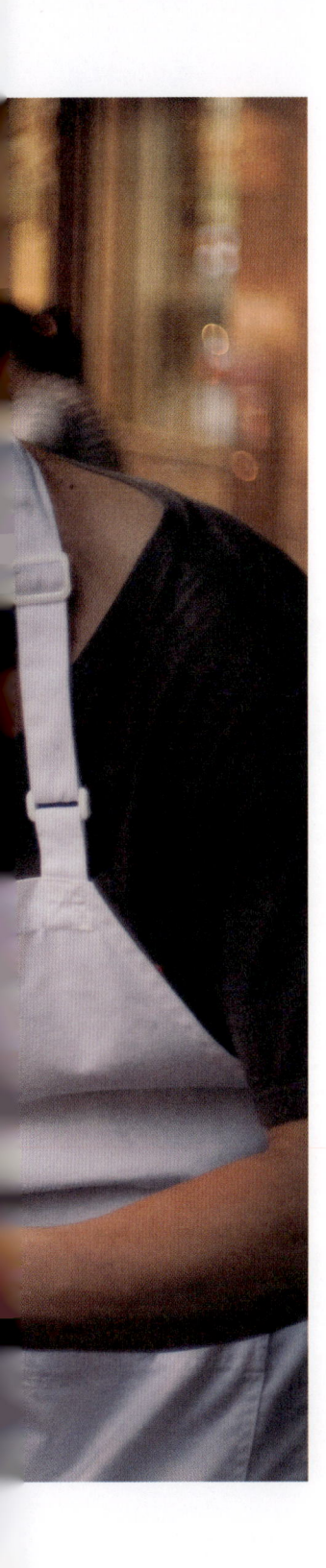

KHAO MOK GAI CONVENT (SILOM)
O local, um carrinho, serve apenas *Chicken rice* (arroz com frango). Mas o "apenas" aqui é relativo, pois seu intenso sabor vem da rara fusão de influências asiáticas e temperos orientais (que os donos chamam de "muçulmanos" – e são), resultando em um arroz amarelado e caldoso que lembra a *paella*. De quebra, um quentíssimo *bowl* de sopa de galinha acompanha o prato.

ELVIS SUKI (HUALAMPHONG)
Batizada em homenagem ao rei do rock, esta *shophouse* é pedida certa, todas as noites, entre os motoristas de táxi. A imensa popularidade do local vem de seu *Thai suki*, adaptação vagamente inspirada no *sukiyaki* japonês. Servido em um *bowl*, leva *noodles*, frutos do mar, carne, vegetais e massinhas (*dumplings*). O molho de ovo que rega tudo é tido pelos fãs como o "pulo do gato" da receita.

RAAN KHAOI NIEW MAMUANG (SUKHUMVIT)
Encontrar o famoso *Mango sticky rice*, o doce nacional, por toda a Tailândia, é até clichê. Cada família, aliás, tem sua receita e a propaga como sendo "a melhor". Mas este carrinho chamado Raan tem a fama de fazer o top da cidade, o que, convenhamos, não está longe da verdade. Superfresco, o leite de coco derramado por cima da manga e do arroz glutinoso é artesanal, feito lá mesmo.

ROT THIP YOD PAK (BAAN MO)
Situada em região de lojas de equipamentos elétricos, a especialidade dessa *shophouse* é o "porco vermelho" (*Khao moo dang*) servido sobre um prato de *noodles* crocantes... convenhamos, uma combinação dessas não tem como dar errado.

JAE FAI (MAHACHAI ROAD)
O local, simples, é ponto de boêmios, e leva o nome da sorridente proprietária, lenda viva da comida ao ar livre em Bangkok. Aqui, a dica é o imbatível *Noodles in gravy* ("noodles ao molho"), servido com frutos do mar e/ou camarões. Fica melhor ainda com ambos.

PAD THAI FAI LUK (SUKHUMVIT)
Ok, este carrinho não é exatamente bonito, e está longe da fama – internacional, até – que o conhecido Thip Samai tem de melhor *Pad thai* de Bangkok. Ainda assim, é nome na ponta da língua de guias de turismo quando al-

guém de fora lhes pergunta sobre seu *Pad thai* de calçada favorito. Eles têm razão: levemente mais adocicado que o padrão, a receita "da casa" é um primor de sabor.

BAMEE SLOW (SUKHUMVIT)
O *slow* (lento) do nome não é gratuito, já que o dono do quiosque avisa que a espera pode chegar a 30 minutos. A recompensa vem no momento em que o cliente estiver suando em bicas, após a maravilhosa *Egg noodle soup*, sopa de fusão sino-tailandesa que leva ovo cozido, carne de porco grelhada e a deliciosa massa chinesa *wonton*.

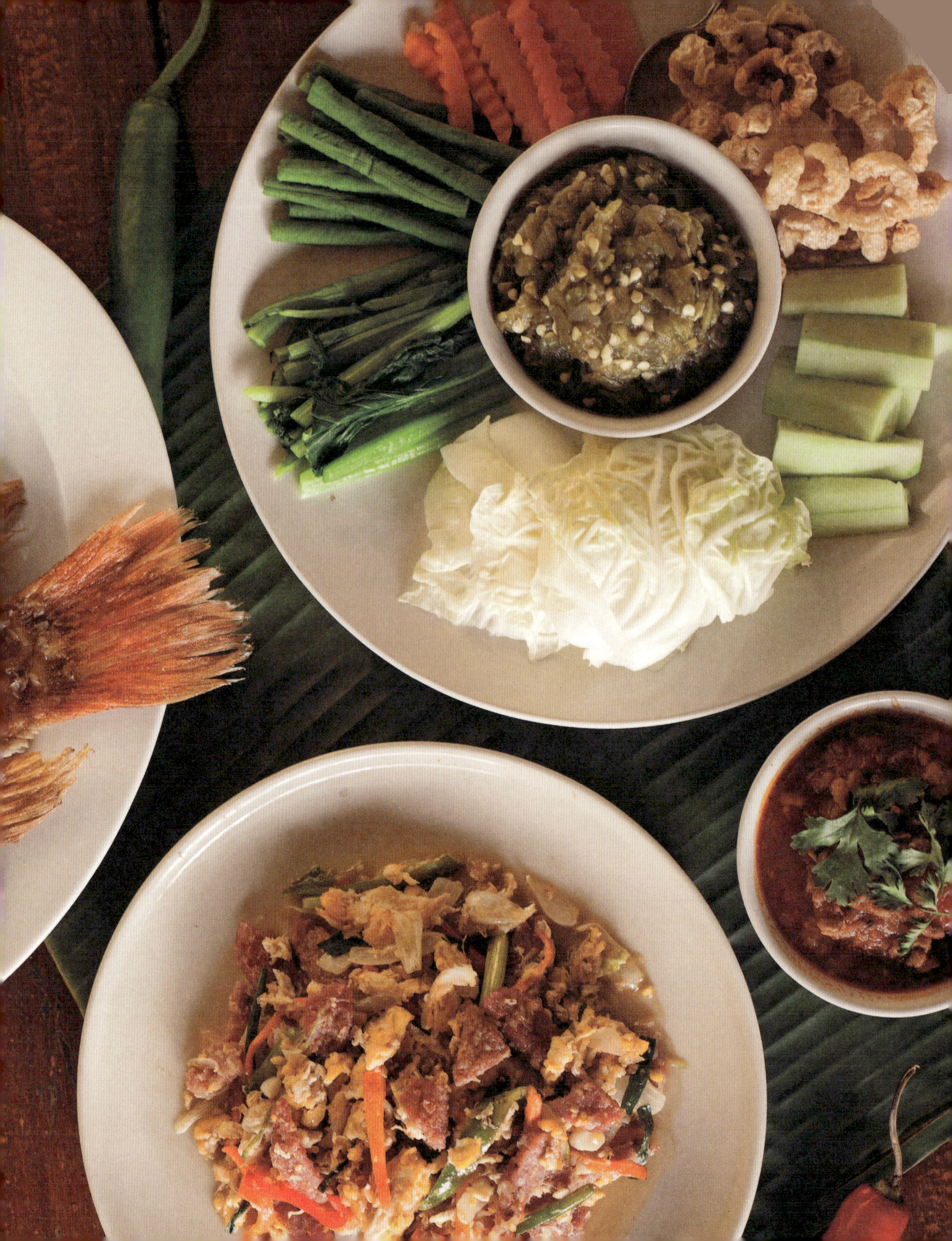

Cozinhas regionais

À MESA COMO UM THAI

De início, é preciso deixar claro que tailandeses não são lá muito fãs de carne bovina. Ok, ela até aparece, aqui e ali, em alguns preparos, e até existem em Bangkok bons endereços do ramo (alguns deles, coreanos). Mas a cultura local privilegia tremendamente frango, porco, pescados e frutos do mar – não necessariamente nessa ordem – e pato, outra das grandes influências chinesas. Carne suína é uma das paixões nacionais. Mas cortes bovinos, como os conhecemos e consumimos no Brasil, é algo raro.

Comer como um thai significa comer coletivamente. Seja em casa ou em restaurantes. *Family style*, para usar a expressão corriqueira dos tailandeses. À mesa, não há uma ordem particular nos pratos – servidos em *bowls* ou travessas, todos vêm ao mesmo tempo, para serem compartilhados; cada pessoa serve-se de um pouco de tudo, podendo, obviamente, repetir a pedida, se assim desejar. Tudo é dividido. O único item individual, como já mencionado, é a cuia de arroz. Cada um tem a sua.

Essencialmente, uma refeição thai é composta de cinco a seis pratos: uma salada; uma sopa; um curry; uma fritura; um refogado (normalmente, uma carne com vegetais); sendo que nessa história, os *noodles* funcionam como coringa, podendo ou não entrar na lista (normalmente entram). Vale lembrar que, na prática, todos esses pratos são como que "coadjuvantes" do onipresente arroz pegajoso, tido como a comida mais importante de todas.

Esse é o roteiro clássico, cotidiano, de cujo processo de preparo não raro toda a família participa, na cozinha, ao menos algumas vezes ao longo da semana.

(Há ainda outra regrinha culinária não escrita na mesa thai, de grande sabedoria, que se aprende no cotidiano: "todo curry nasceu para misturar-se ao arroz pegajoso").

No passado remoto, era costume comer-se com as mãos. Isso começou a mudar a partir do Período Rattanakosin (que começou em 1782). Hoje, thais comem em pratos (exceção ao arroz, servido em pequenas cuias), usando garfo e colher – nada de facas, pois pressupõe-se que tudo já esteja devidamente cortado e/ou preparado de maneira que não necessite de corte.

Além disso, as comidas são todas "macias". Hashi? Apenas em alguns restaurantes sino-tailandeses. Ou em algumas barracas de rua especializadas em *noodles*.

Na tabelinha, o garfo ajeita o bocado para a colher – é ela o instrumento que vai à boca, de preferência com a mão direita.

Como os curries tailandeses têm por característica a liquidez, e como (quase) tudo à mesa tem que se misturar a eles, a colher evita que a comida escorra.

Desenhados os principais contornos da culinária do reino, as regiões tailandesas moldaram suas próprias características.

NORTE

Região montanhosa, de temperaturas mais amenas em comparação ao restante do território tailandês, fronteiriça a Laos, Índia e Sul da China. O Norte é a "casa" original onde surgiu o *Sticky rice*, o seminal arroz pegajoso tailandês, base das refeições em todo o país. Por conta das condições climáticas, desenvolveu-se ali um grande consumo de carne de porco, hábito que ultrapassaria as fronteiras nortistas (na Tailândia, como já vimos, o consumo de suínos é bem alto). E cujo maior símbolo talvez seja a popularíssima *Sai ua*, a "salsicha do Norte", maravilhosa, em seu apimentado esplendor. Outra assinatura do Norte é o *Khao soi*, o monumental *noodles* à moda do Norte (*Thai noodle* curry), internacionalmente notório – um dos mais gloriosos preparos do país.

NORDESTE

O Nordeste tailandês é a área mais populosa do país. Faz fronteira com o Laos, Camboja e Vietnã. A região é também conhecida pelo nome Isan, ou Isaan, que igualmente designa a "Isaan food", denominação de sua culinária, para muitos a melhor cozinha regional tailandesa. Apesar da comida altamente picante, o Nordeste cozinha quase que exclusivamente com pimentas secas, vindas de outras regiões – sintoma da ausência de pimentas frescas *in natura*, abundantes no restante do país.

Devido ao solo ácido e seco, durante longo tempo, Isaan foi a parte do país menos privilegiada em terras para cultivos. Como consequência da falta de grandes lavouras, sua economia era mais fragilizada. O problema só começou a ser resolvido a partir dos anos 1960, por meio de iniciativas tomadas pelo falecido rei Bhumibol Adulyadej, ao implantar sólidos projetos de agricultura. Trataremos disso mais adiante.

O fato de ser a região mais carente da nação não significa ausência de uma autêntica culinária local. Ao contrário: o prato que mais a identifica é o icônico *Som tam*, a ácida (e picante) salada de mamão papaia verde, verdadeira instituição thai. Trata-se de uma influência do Laos que, no passado, ao cruzar fronteiras, firmou-se como alternativa de alimentação barata para a população nordestina. Com o tempo, incorporou-se de tal forma ao DNA thai que, hoje, não fica de fora de quase nenhuma refeição, da mais simples à mais ousada.

Na versão original do Nordeste, o sabor do *Som tam* é ainda mais potente. Não exatamente pelas pimentas, mas pela alta acidez do uso extremado de tamarindo, que caracteriza a comida Isaan em detrimento das nuances levemente adocicadas da comida de outras partes do país. Em alguns recantos camponeses, a *Papaya Lao salad* (como também é conhecido o *Som tam* na região) vem acompanhada de pedaços de *black crab*, caranguejo de casco enegrecido que habita as lavouras de arroz. E também de galinha frita. Ou ainda de peixe fermentado, proteína largamente consumida na alimentação Isaan mais popular.

Insetos fritos? Por conta da escassez de recusos, tudo começou aqui, antes de contagiar o território nacional. Ao migrar para áreas mais desenvolvidas em busca de melhores empregos, os nordestinos levavam consigo a sua cozinha (consequentemente, os insetos). Vale destacar que, em um fenômeno que guarda semelhanças com o Brasil, muitos dos grandes cozinheiros trabalhando nas metrópoles thai são originários do Nordeste.

Na região, a palavra *Larb* designa tanto uma comida em si quanto um verbo referente ao método de preparo. Típica do Nordeste, é outra das influências do Laos (em verdade, *Larb* é o prato nacional não oficial do país vizinho): uma salada fria de carne picada (frango, porco, pato, boi) com arroz pegajoso (*Sticky rice*) que leva ainda muitas ervas e temperos. Mas, acima de tudo, talvez a mais deliciosa contribuição do Nordeste tailandês seja o maravilhoso *Kai krata*, fritada de ovos com camarões e carne suína, comida típica de café da manhã, que será vista páginas adiante.

SUL

A proximidade do litoral e do Golfo da Tailândia faz do Sul tailandês a Meca de peixes e frutos do mar frescos de todo o reino. Prova disso é seu prato-símbolo, *Gaeng tai pla*, um cozido de pescados que leva ainda ervas, brotos de bambu, aspargos, berinjela, abóbora e/ou batatas, servido, obviamente, com arroz pegajoso. É "vulcânico", de elevado teor de picância – característica, aliás, da cozinha sulista, tida como a mais "quente" de todo o reino.

No Sul, parte da população é muçulmana, o que implica menor consumo de carne suína. Assim, influências islamitas são vistas em receitas antigas e ainda praticadas como o Khao mok gai, cuja base é arroz com açafrão e galinha. Aliás, o Sul jacta-se em ostentar o melhor açafrão tailandês. Orgulha-se também de seu *Khnom jean* (ou fermented rice noodle, macarrão de arroz fermentado, característico da região), servido em temperatura ambiente com o acompanhamento de curries diversos.

PLANÍCIE CENTRAL

Caracterizada ao longo da história como o epicentro do reino, a Planície Central é o portal de entrada onde o novo e o inédito sempre apareceram primeiro (incluindo novas técnicas e métodos de cocção) para, então, expandir-se país afora. Por conta da presença da Família Real, é também o centro nevrálgico para onde convergiam todos os melhores produtos e ingredientes vindos das diferentes latitudes tailandesas. Essa grande e variada oferta de insumos (incluindo na lista uma imensa variedade de peixes e frutos do mar de alta qualidade) traduziu-se em uma cozinha pujante, rica, como se comprova nas ruas de Bangkok.

Nelas, o caleidoscópio de influências que historicamente converge para a planície central traduz-se basicamente em três diferentes categorias de locais para comer, sejam eles bancas de rua ou restaurantes: 1. tailandeses tradicionais; 2. sino-tailandeses; 3. locais exclusivos de comida Isaan, do Nordeste do país. Simples assim.

PRECISAMOS FALAR SOBRE INSETOS

Que fique bem claro: essas formas não convencionais de proteína não fazem parte da dieta comum dos tailandeses no dia a dia.

Mas o hábito existe, é óbvio. Endemicamente, em larga escala, é mais identificado com o Nordeste tailandês, como já vimos. Ainda assim, no geral, há na Tailândia muitos apreciadores de *bugs*, insetos. A ponto de, atualmente, algumas empresas modernizarem suas estratégias, de olho no público jovem.

Nas grandes áreas urbanas, bem como em top destinos turísticos litorâneos (Krabi, Phuket, Hua Hin etc.), não é exagero afirmar que o consumo é mais moderado, se comparado a cidades ao Norte/Nordeste. Em Bangkok, por exemplo, raramente há *bugs* (insetos) à venda nos grandes mercados. Mesmo em mercados de rua de bairros centrais, voltados à população local, eles pouco são vistos.

Ou quase. Corte para a elegante região de Sukhumvit, um dos pulmões comerciais da capital Bangkok, com seus restaurantes, hotéis, bares, apartamentos chiques. E onde, aqui e ali, barracas nas calçadas vendem porções de grilos, larvas, gafanhotos, bichos-da-seda, baratas-d'água etc. Fritos, bem *crispy*, prontos para consumo. Em saquinhos de papel, tal qual amendoim ou pipoca.

Boa parte da freguesia é da classe operária que transita pelo bairro. Muitos, de regiões mais empobrecidas da Tailândia. Mas também há muitos fregueses *upscale*, gente "bem".

Já quem visita a lendária Khao San Road, cenário notívago internacionalmente famoso, ou o lendário *night market* Patpong, outro polo de entretenimento noturno, encontra barracas de espetinhos "especiais". Em ambos os casos, o foco é a curiosidade dos gringos. Nesses locais, por mais barato que pareçam, os espetos com os bichinhos saem a "preço de turista".

Em bairros periféricos da capital, aí sim, é mais comum encontrar insetos comestíveis em feiras de ruas.

Já na parte de cima do mapa, a história é diferente. Pegue-se como exemplo a simpática e pacata Chiang Rai. Situada a 700 quilômetros de Bangkok, é a capital da província homônima. O centro da cidade, *downtown*, é modesto. Por ali, quase não se veem ocidentais. Ao redor, muitas barracas de *bugs* alinham-se nas calçadas, também ocupando espaço nos pequenos mercados que caracterizam o comércio local. Alguns comerciantes oferecem degustações.

Em Chiang Rai, em eventos sociais ou comunitários, é habitual a presença de carrinhos ou barraquinhas de insetos fritos. Foi assim que me tornei fã de bicho-da-seda crocante com cerveja Chang: assistindo a uma luta de muay thai estritamente local, com ares de quermesse, até. O único estrangeiro na pequena plateia de gente simples, trabalhadores, crianças, senhoras, famílias inteiras.

O bicho-da-seda é o porto seguro para se experimentar insetos. Sem contraindicações. E, detalhe importante, sem perninhas visíveis. Salgadinho, torrado, "harmoniza por contraste" com cerveja bem gelada. Grilos e gafanhotos não são tão memoráveis assim. Não provei formigas, mas dizem que seu gosto no palato aproxima-se ao do bicho-da-seda. Quanto a baratas-d'água e aracnídeos, passei.

No Norte/Nordeste do país, famílias mais desfavorecidas "cultivam" insetos para vendê-los, criando armadilhas nos quintais e até dentro de casa. Trata-se de costume herdado de antepassados, quando a região era muito pobre (quadro que só foi alterado a partir dos projetos para agricultura do rei Rama IX). Embora ainda persista, é modelo do passado. Com a transição da economia do país nas últimas décadas do rural para um padrão industrial em larga escala, surgiram as fazendas de insetos.

Sim, fazendas. Hoje, o grosso do consumo de insetos na Tailândia vem de fontes limpas, criatórios que seguem rígidos padrões ambientais e são proibidos de usar pesticidas. Um segmento que aparentemente não tem do que reclamar.

Em sua maioria, são empreendimentos de pequeno e médio porte, num total de 20 mil fazendas, segundo o último levantamento (2017). Grilos são a espécie mais cultivada.

O negócio nasceu tímida e regionalmente no Norte-Nordeste nos anos 1980. Floresceu e ramificou-se na década seguinte, como efeito colateral da grande crise econômica asiática, que começou na Tailândia e marcou o final dos anos 1990, causando altos níveis de desemprego, principalmente entre migrantes de Bangkok e outras cidades, que enxergaram aí novas oportunidades em suas regiões de origem. A partir de então, as fazendas de insetos se multiplicaram.

Parte dessa produção deságua nas bancadas do que talvez seja dos raros street markets do país "especializado" no ramo. Apelidado *bug superstore* ("superloja de insetos"), o gigantesco (1.400 comércios) Rong Kluea Market fica na cidade de Aranyaprathet, município a 250 quilômetros de Bangkok, perto da fronteira com o Camboja. Dividido em várias sessões, dedica uma ala inteira aos insetos, que diariamente chegam literalmente às arrobas – sacos gigantescos são descarregados de vans e caminhões e, a seguir, vendidos por peso, em tachos colossais. Insetos a granel.

Hoje, analistas afirmam que na Tailândia o inseto é um "negócio do futuro". E muitas companhias já apostam nisso, desenvolvendo os mais diversos produtos com ou à base de insetos.

Geleias, molhos, biscoitos, enlatados, massas (de grilo) – esse arsenal já se encontra à venda em grandes redes de supermercados. Até sabão de inseto já existe.

Outras empresas, como a *Hiso Edible Insects* ("Hiso Insetos Comestíveis") especializam-se em salgadinhos com sabores – barbecue, queijo, pomodoro –, de olho em crianças e jovens, que não abrem mão de *snacks*. De bichinhos fritos, no caso. E doces, também. Transparentes como celofane, seus lúdicos pirulitos coloridos vêm com vistosos "recheios" de formigas, grilos, escorpiões...

Por sua vez, revistas de perfis diversos, de populares a *modernetes*, divulgam receitas de saladas, canapés, fritadas, sanduíches, *burguers* e até, quem diria, *cupcakes* de insetos.

A cultura dos bugs na Tailândia é importante. Mas não é imensamente popular. Tampouco move a roda da comida thai cotidiana, como pensam muitos ocidentais. É um *snack*, para um momento ou outro. Como um espetinho de rua, no Brasil.

Essa cultura encerra em si uma pequena lição de tolerância culinária, o que, aparentemente, é excêntrico em um lugar, é um simples almoço, em outro.

Em 2013, um amplo estudo das Organizações das Nações Unidas (ONU) reconhecia o alto valor nutricional do consumo de insetos, por conta da presença de proteínas, fibras e vitaminas. E apontou também para uma solução de baixíssimo impacto ambiental que possivelmente serviria de alternativa para uma eventual grande crise de escassez de alimentos, no futuro da humanidade.

Na dúvida, peça um *Pad thai*.

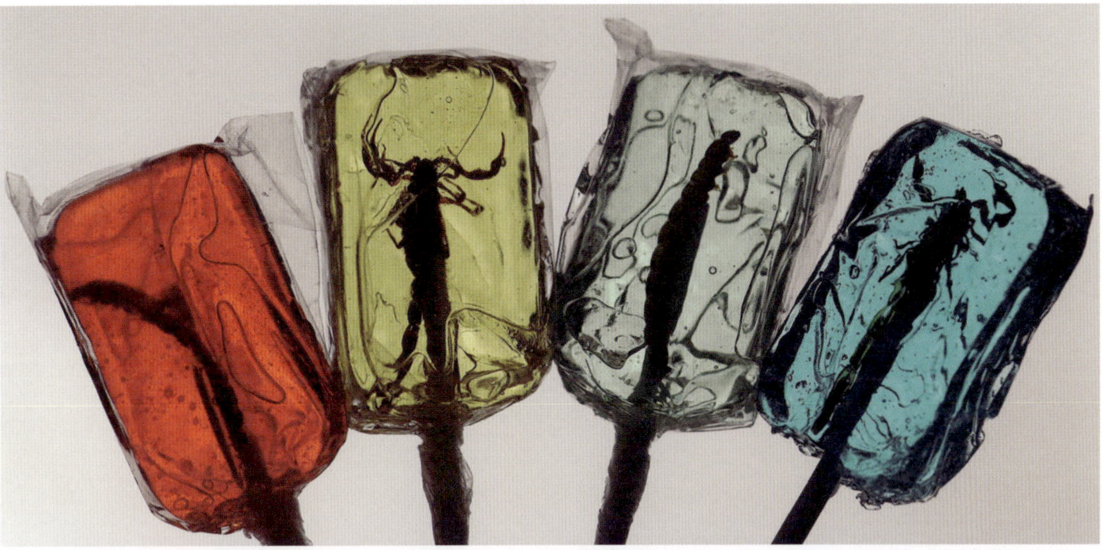

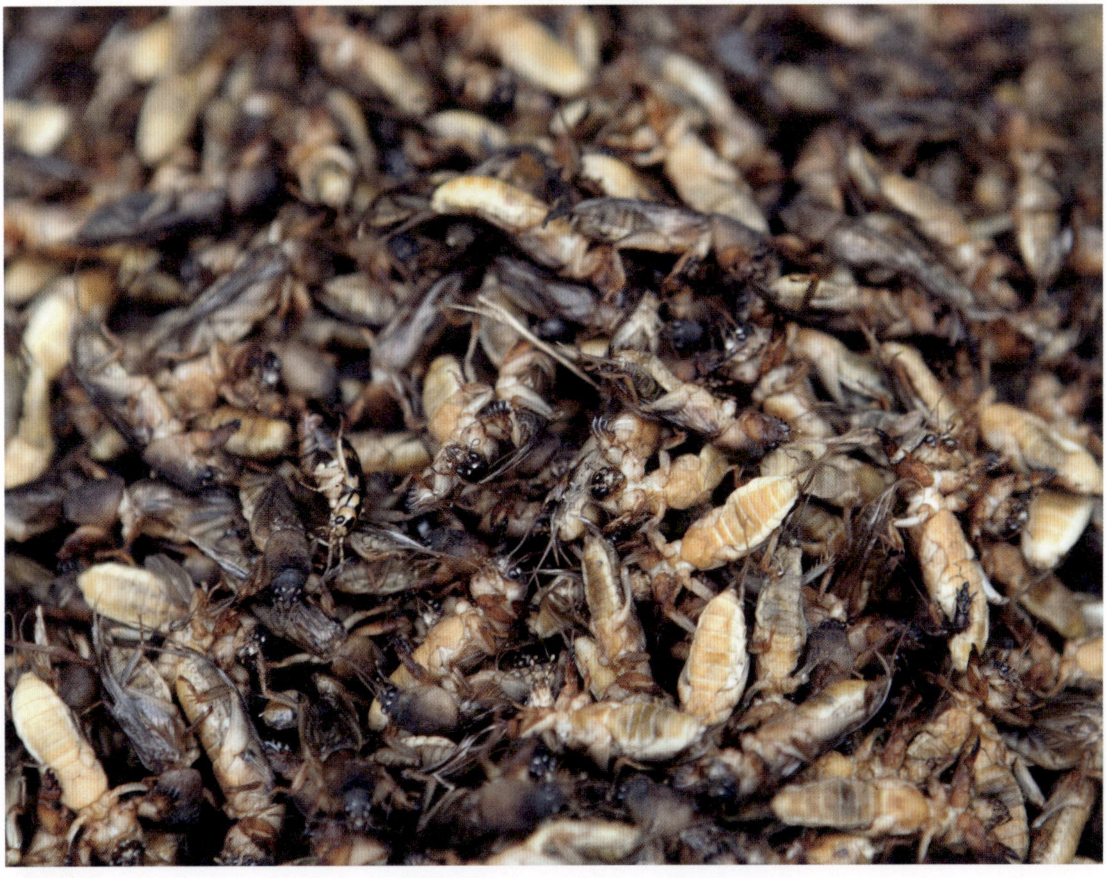

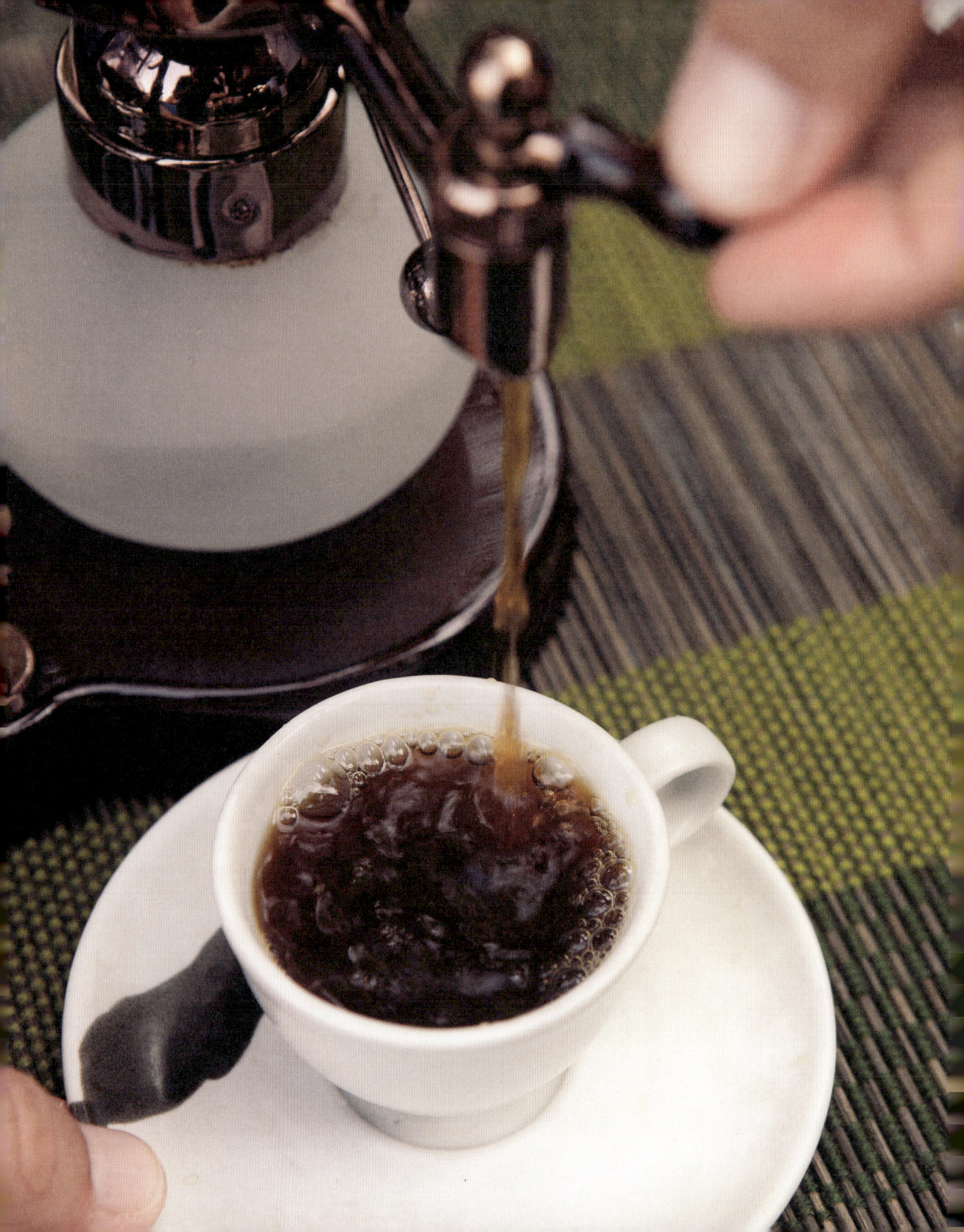

Bebidas

**DESTILADOS, CERVEJAS, CHÁS, E ATÉ
O IMPROVÁVEL "CAFÉ DO ELEFANTE"**

MEKHONG

A bebida nacional tailandesa. O fabricante (a gigante Bangyikhan Distillery) apregoa ser um *whisky*, mas tecnicamente, em cor, sabor e aroma, trata-se de rum. Destilado a partir de melado de cana e (em menor proporção) arroz, a fórmula, secreta, traz ainda um *blend* de ervas e especiarias chinesas não reveladas. Há quem credite suas qualidades à água de grande pureza utilizada na fabricação. Em uns poucos bares de grandes cidades tailandesas, e apenas neles, é base para curiosas releituras locais de coquetéis clássicos. Assim, temos o Mekhong Mojito, Mekhong Whisky Sour, Mekhong Manhattan, Mekhong Negroni, Mekhong Sangria (!). Até uma improvável receita de "Thaipirinha", quem diria, aparece, deslocada, em algumas cartas.

CERVEJAS

O mercado cervejeiro thai é dominado por três grandes marcas: Singha, Chang e Leo – menção ainda à coadjuvante Phuket (que, apesar do nome, não é originária do paradisíaco balneário homônimo, no sul do país), encontrada somente em endereços muito específicos. Em comum, são todas cervejas tipo *lager*. Industriais, sim, sem sabores e aromas marcantes, mas que adquirem contorno de néctares ante o inclemente calor tailandês.

Conhecida internacionalmente muito por conta do logotipo do mitológico leão dourado – presente em tamanho gigante à entrada da fábrica –, Singha é a mais antiga cerveja do país.

Criada em 1933, foi a primeira cervejaria nacional da Tailândia. Em 1939 tornou-se fornecedora oficial da Corte Real Tailandesa, quando recebeu permissão da realeza para utilizar o brasão com o *singha*, criatura mitológica de aparência leonina.

Durante muito tempo, Singha foi a cerveja mais popular, até a ascensão da concorrente Chang ("elefante"), assinada pela gigante ThaiBev, igualmente célebre pelo logotipo com o animal-símbolo tailandês (e por patrocinar times de futebol locais e a seleção nacional). Ambas são prestigiadíssimas por turistas, que levam para casa camisetas das marcas como souvenir. Um pouco mais atrás vem a Leo, cujo logo, um coloridíssimo leopardo, reafirma a criatividade thai no quesito imagem cervejeira.

Quanto às cervejas artesanais, o mercado thai ainda é incipiente. Mas isso está mudando, impulsionado pela entrada em cena da importante cervejaria dinamarquesa Mikkeller, que abriu um concorrido bar em BKK e vitaminou a cena local.

Não é demais lembrar que, por ser um país budista, o ato de beber em público fora de uma situação envolvendo comida pode não ser bem visto (a corriqueira latinha na mão, por exemplo). Não há leis nesse sentido, mas discrição é muito bem-vinda. Até porque, fora de bares e restaurantes, há horários específicos para a venda de álcool: das onze da manhã às duas da tarde e das cinco da tarde até meia-noite.

DESTILADOS

Embora a cerveja ocupe lugar de destaque no consumo interno, para boa parte da força trabalhadora tailandesa não é ela a amiga de todas as horas. É aí que entram os destilados. Para padrões populares, a cerveja é considerada "cara" – nesse caso, a preferência recai então nos *whiskies* tailandeses (tão parte da cultura do país como o famoso *Pad thai*), cuja média de preço é de três dólares o litro. Isso explica porque, em que pesem as exportações para outros países asiáticos, toda a produção anual de "whiskies" seja praticamente consumida dentro da própria Tailândia. *Whiskies* que, como o já citado Mekhong, tecnicamente não são *whiskies*. E cuja origem deve-se a um curioso sistema de concessão ocorrido há muito tempo por parte do império.

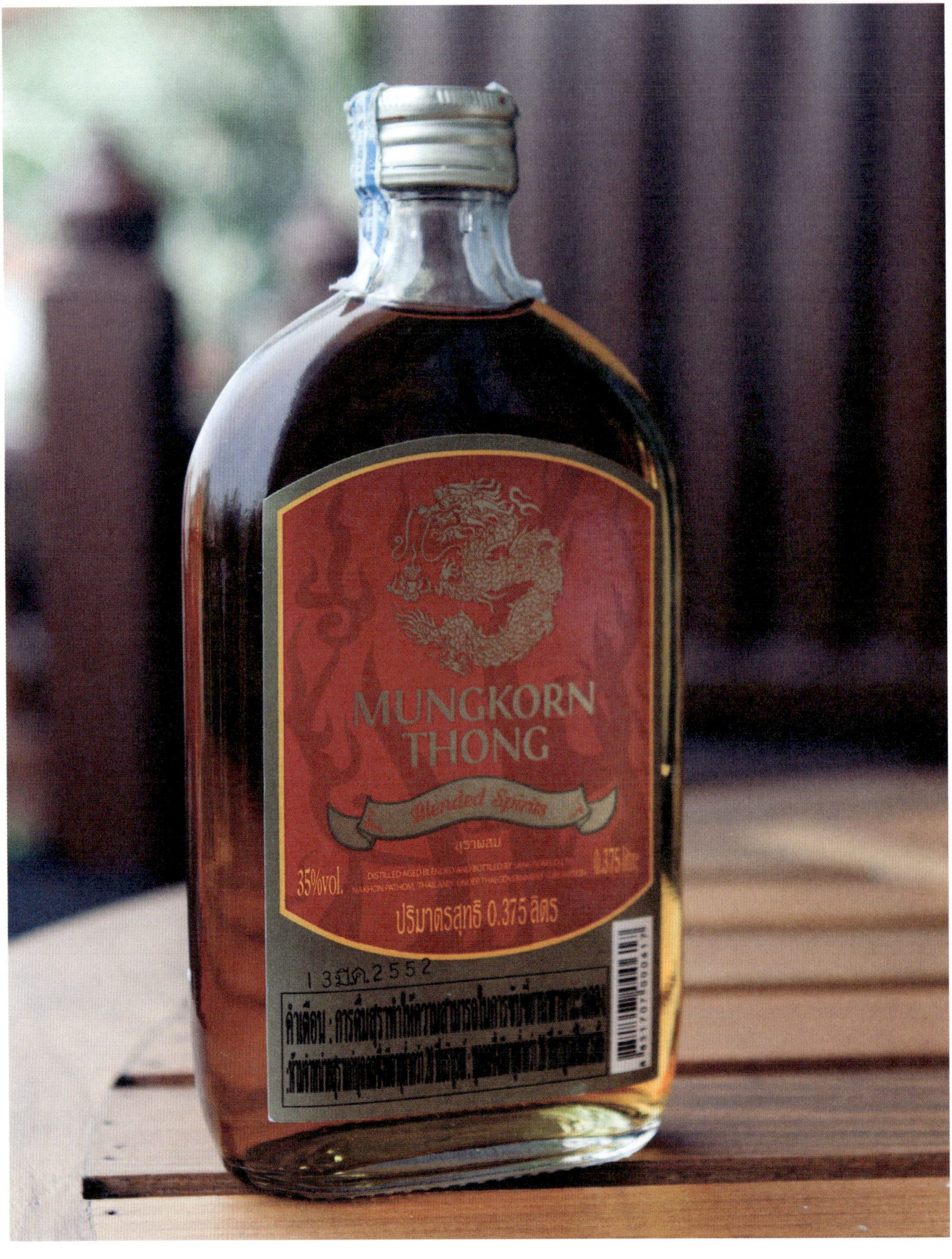
MUNGKORN
THONG
Blended Spirits
35%vol.
ปริมาตรสุทธิ 0.375 ลิตร

HONG THONG

Muito popular entre turistas estrangeiros, é o campeão de vendas em lojas de conveniência, principalmente pelo preço barato e pela praticidade das garrafas de 350 ml. No aroma e no palato, segue os mesmos caminhos do Mekhong, mas é bem mais rústico – aliás, ambos são cria do mesmo fabricante. Como o Mekhong, o Hong Thong é um destilado de melado de cana que, como sabemos, para os tailandeses é *whisky*. Mas na verdade é rum.

CHALONG BAY

"A bebida de Phuket", indica o rótulo deste bom rum branco *premium*, originário do paradisíaco balneário homônimo – "chalong", em thai, significa "celebração". Fabricado artesanalmente, combina técnicas francesas de destilação com o traço cultural tailandês do uso da cana-de-açúcar em bebidas, resultando em um destilado macio, redondo, apreciável. É encontrável apenas em endereços mais sofisticados (*delicatessen*, *freeshops*), a preços muito superiores aos dos demais destilados tailandeses.

PHRAYA

Rum elaborado na província de Nakhom Pathom. Maturado longamente em tonéis de carvalho, é engarrafado a partir do *blend* de barris de sete e doze anos de envelhecimento.

LAO KHAO

Popularíssimo destilado de arroz originário do Norte/Nordeste. Por ser mais barato, seu consumo chega a ser maior que o do próprio Mekhong nessas regiões. Apelidado por turistas estrangeiros de "perigoso", é também chamado de *whisky*, pelas camadas mais populares. O aroma, um tanto agressivo, é compensado pelo sabor – "abrasivo", sim, mas com leve dulçor e de corpo agradável, especialmente *on the rocks*. É embalado em versões de diferentes graduações alcoólicas (28, 30, 35 e 40 graus), diferenciadas pela cor dos rótulos. Nas zonas rurais de cidades do Norte/Nordeste existem versões caseiras, muito apreciadas por camponeses e lavradores que cultivam um hábito peculiar: consumir o Lao Khao adicionando refrigerante sabor laranja à bebida.

IMPOSSÍVEL TOMAR UM SÓ

Existe uma unanimidade inequívoca em torno do chá na Tailândia – o *Thai iced tea*: chá preto tailandês forte, servido com um tantinho de açúcar e leite condensado, sobre muito, mas muito gelo. Alívio imediato às abrasivas temperaturas. É virtualmente impossível não esbarrar nos saquinhos plásticos à venda quase a cada esquina, para se tomar de canudinho. Existem versões industrializadas, espantosamente presentes em cartas de restaurantes e bares sofisticados.

CHÁS

Embora não tão ritualístico quanto em vizinhos asiáticos, o chá na Tailândia é muito popular. Um chá verde após uma refeição altamente condimentada faz toda a diferença na digestão, e o costume é cultuado em lares e restaurantes. Mesmo não ranqueado entre os grandes produtores do continente, o país cultiva (no Norte) notadamente as espécies verde (*green tea*) e principalmente o *Oolong tea*. Indo do histórico ao moderno, algumas casas de chá de Bangkok integram um roteiro (vale o clichê) imperdível.

CASAS DE CHÁ

Indo do histórico ao moderno, algumas casas de chá de Bangkok

SO HENG TAI MANSION
Um dos segredos mais bem guardados de Chinatown, esconde-se entre vielas e becos apertados às margens do Rio Chao Phraya. Lá só se chega com o auxílio de um guia-intérprete. Ultrapassar o imponente pórtico de entrada é surfar em um túnel do tempo: a ancestral mansão de 200 anos e 1.600 metros quadrados mantém quase intocada sua arquitetura chinesa original – o palacete é administrado hoje por descendentes do nobre chinês natural de Pequim que o erigiu, no século XIX. Terraços convidativos, louças históricas, chás e cafés simples e baratos – verdadeira joia rara.

THIAP SCHIANG
Escondida em um canto de Chinatown, que no passado foi apelidado de *zombieland* ("terra de zumbis", em alusão aos usuários de ópio que em tempos remotos vagavam por ali como mortos-vivos), esse precioso endereço histórico também necessita de guia para sua localização. É a mais antiga casa de chá ainda em atividade da cidade, há mais de um século nas mãos do mesmo clã. O ambiente, muito simples, abrigava em tempos áureos a nata da cidade: políticos, médicos, comerciantes, empresários, professores, intelectuais etc. O *pit stop* para um estratégico café forte ou chá à moda antiga e um dedo de prosa (com intérprete) com a atual mandatária, senhora Wa, 90 anos – ainda na ativa –, é daqueles momentos que marcam uma viagem.

ANANTARA SIAM HOTEL
O *afternoon tea*, preferido das senhoras da alta sociedade de Bangkok, tem como palco o glamoroso lobby do hotel da rede Minor Group. Além da linha de chás exclusivos, o menu apresenta a delicada pâtisserie do chef-executivo francês Laurent Duffaut. Ao longo do ano, festivais temáticos têm o chá como protagonista.

O INCRÍVEL "CAFÉ DE ELEFANTE"

Em busca da excelência nas xícaras, cafés de procedência rara ou exótica têm sido descobertos e explorados. Temos, assim, os raríssimos "café da civeta" (espécie de gato selvagem) na Indonésia e na África, e mesmo o brasileiríssimo "café do jacu", bem sucedida experiência cafeeira no alto das serras capixabas, no Espírito Santo. Em comum, a obtenção de cafés de altíssima qualidade a partir das sementes da planta digeridas e depois excretadas por esses animais. Mas só a Tailândia produz o incrível "café de elefante".

Coube ao canadense Blake Dinkin revelar ao mundo a iguaria, cujo preço médio chega a dois mil dólares o quilo. Seu projeto com os elefantes tailandeses, de nome Black Ivory Coffee ("café do marfim negro"), nasceu em 2012, a partir de experiência semelhante na Etiópia. Anos antes, insatisfeito com seu trabalho em Montreal, e almejando engajar-se em algo que causasse impactos sociais, Dinkin fez as malas e rumou ao país africano para familiarizar-se com o projeto Kopi Luwak, nome etíope para o "café da civeta".

O *input* gerado pela experiência fez com que ele pesquisasse com especialistas sobre o mesmo projeto aplicado a outros animais. E descobriu que a coisa poderia ser feita com... elefantes! Assim, à procura de um local que unisse a cultura cafeeira à cultura em torno dos grandes mamíferos, a Tailândia surgiu como opção natural.

O local escolhido para dar início aos trabalhos foi a província de Surin, no Noroeste, onde, por conta de tradições milenares, Dinkin afirma que "a quantidade de elefantes rivaliza com a de cães". Cabe deixar claro que, com o auxílio da entidade Golden Triangle Asian Elephant Foundation (www.helpingelephants.org), a quem parte dos lucros é revertida, o empresário utiliza apenas animais cativos resgatados de condições adversas ("street elephants", elefantes abandonados pelos ex-donos), que a seguir passam a ser tratados adequadamente. Seus 30 animais (incluindo Matt, de 103 anos!) são alimentados com um *mix* variado de vegetações que inclui grãos de café 100% arábica, sem que a cafeína cause qualquer efeito não desejado nos bichos. Uma vez ingerido, durante

75

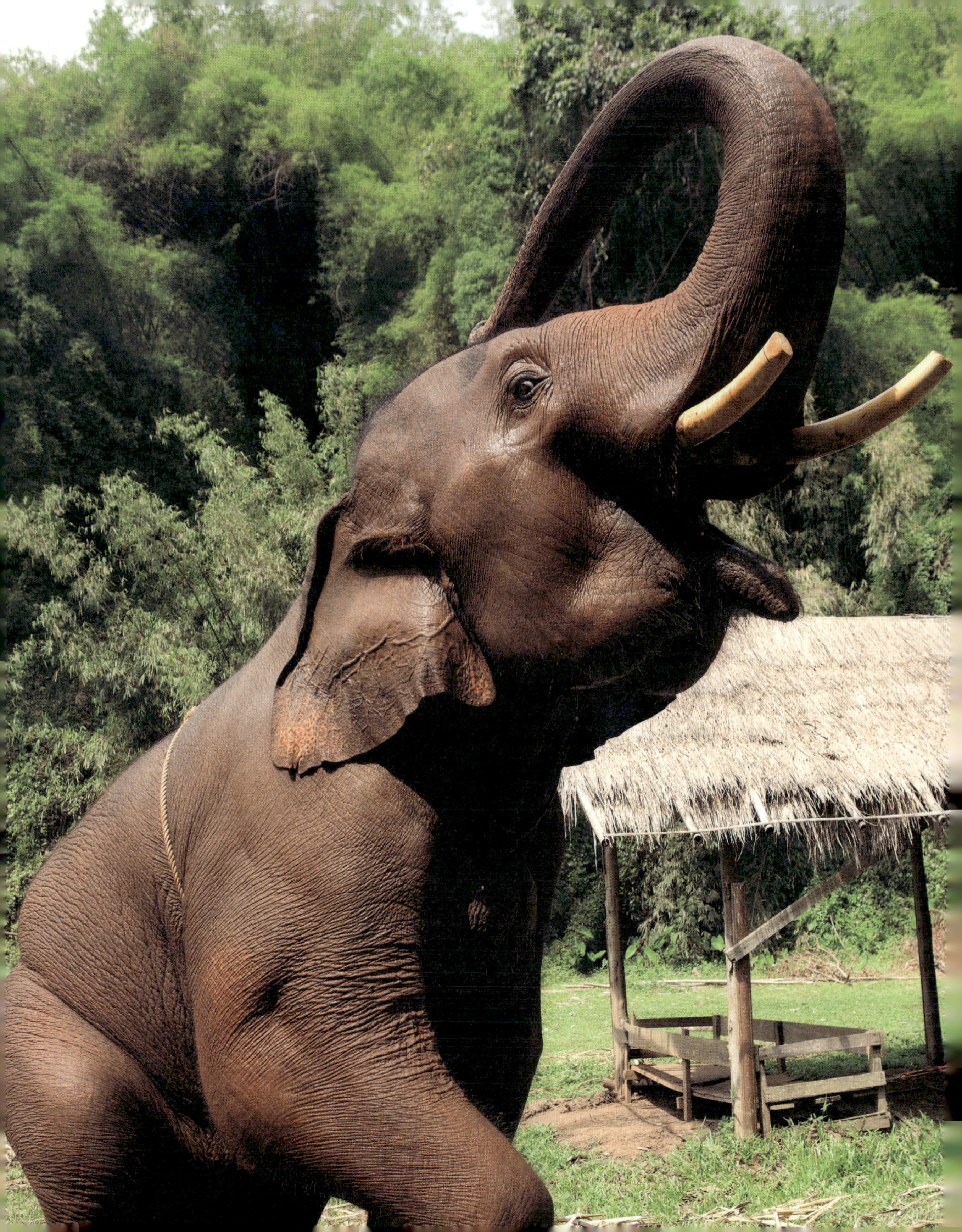

três dias (tempo da digestão), enzimas ajudam o café a ser naturalmente processado no sistema digestivo do animal, auxiliando a conservar o sabor contido na casca da fruta – são necessários 33 quilos de frutos para obter-se um quilo de café.

Na sequência, quando do "descarte", Dinkin paga a residentes do vilarejo para separarem os grãos de café – que ressurgem naturalmente limpos. Em média 150 quilos ao ano são obtidos, processados e embalados. Entra em cena, então, uma engenhosa traquitana desenvolvida pelo empresário (inspirado em um modelo austríaco de máquina de café de madeira e cobre dos anos 1800), que depura cinematograficamente o café direto na xícara – todos os endereços que oferecem o Black Ivory Coffee dispõem desses dispositivos (custa cerca de R$ 400). Com belo acabamento, um sachê padrão do *elephant coffee* tem 35 gramas e rende cinco copos.

Uma vez servido, o "café do elefante" revela notas distintas de chocolate, malte e, como esperado, relva (ou grama verde). Além da própria Tailândia, é exportado e encontrado regularmente na Malásia, Macau e Hong Kong, sendo que o foco principal são os hotéis cinco estrelas. À parte resultados financeiros, Dinkin se diz realizado com os aspectos éticos do projeto. "Encontrei meu emprego dos sonhos".

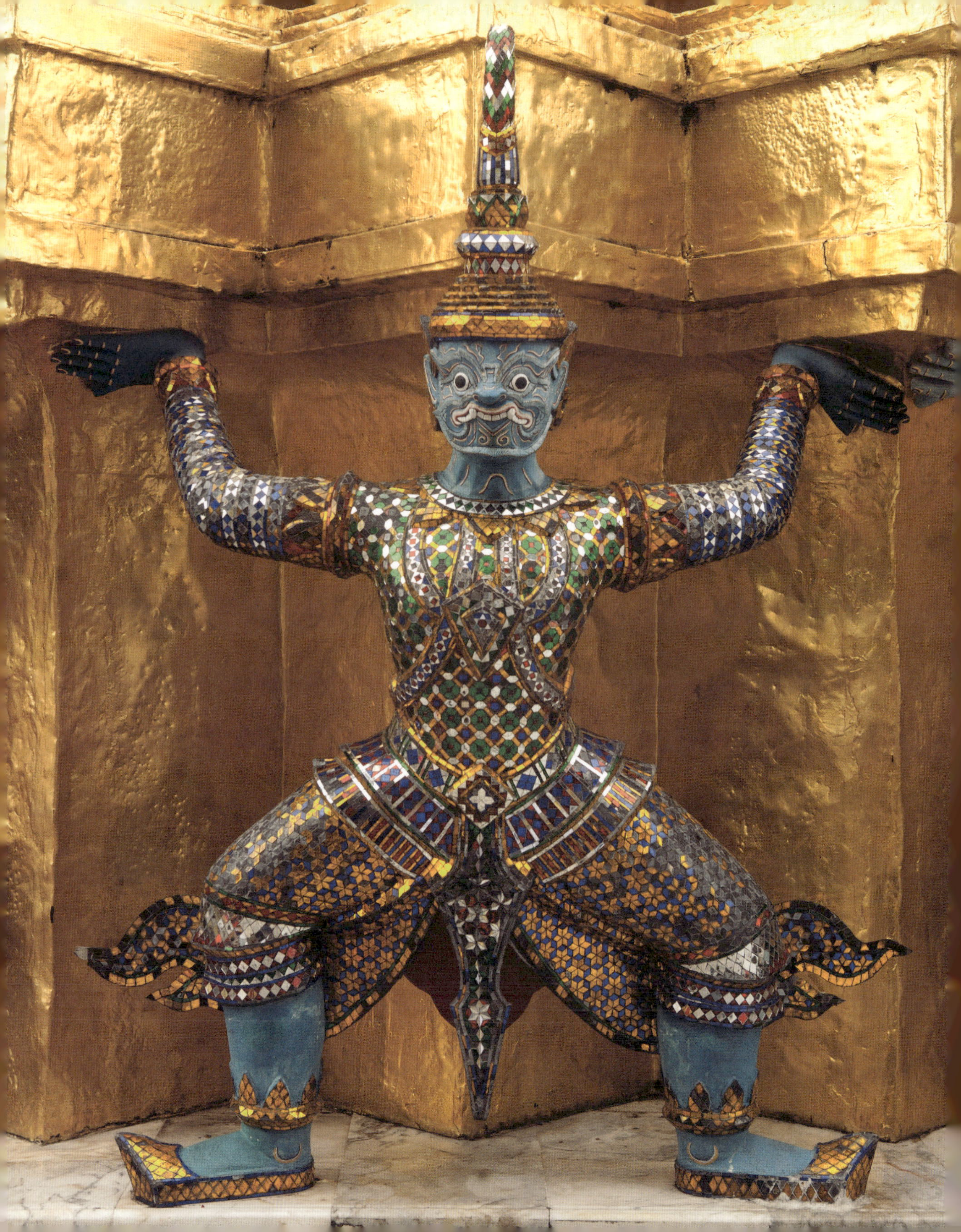

Royal thai cuisine

COMENDO COMO AS REALEZAS

Quando se está inserido no contexto gastronômico de Bangkok, em algum momento a expressão *royal thai cuisine* vem à tona. De pronto, pisca o alerta: o que é a tal "cozinha real tailandesa"? Seria a comida dos monarcas da dinastia Chakri, a atual Casa Real thai?

Sim e não. Em verdade, *royal thai cuisine* nada mais é do que o uso de ingredientes e produtos de primeiríssima qualidade, os melhores disponíveis, executados com perfeição ao estilo culinário da *Central Plaine*, a Planície Central – região para onde, como vimos, convergem todos os melhores insumos do reino, por conta da presença da Família Real no epicentro do país.

Era e ainda é praticada nas refeições da monarquia, no Grande Palácio, em Bangkok. E – surpresa – está ao alcance de súditos e estrangeiros a preços que não são extravagantes.

Nessa cozinha da realeza, os quatro princípios balizadores do sabor da comida thai têm que ser milimetricamente balanceados: nem muito picante, nem muito salgado, nem muito doce, nem muito azedo. Nada de sabores extremos. Equilíbrio é a palavra de ordem.

Por outro lado, as receitas são as mesmíssimas de lares, restaurantes ou mesmo barracas de comida de rua: apenas boa comida executada com rigor.

Solitária exceção à regra acima: *Khao chae*, arroz gelado defumado, escoltado por vários *side dishes* especialíssimos, incomuns à mesa tailandesa do dia a dia. Entre eles, chalotas recheadas com ervas e carne de peixe; pimentas recheadas com ervas e carne de porco; e tiras de carne de porco, ou de boi, banhadas em um tempero à base de *palm sugar* (o açúcar de palmeiras) e molho de peixe (*Nam pla*).

Outro detalhe no prato real chama a atenção: uma vez servido, o arroz tem que ser completado com água gelada com fragrâncias de jasmim em volume suficiente para cobrir (e não ultrapassar muito) a comida. O *Khao chae* é um prato criado para o verão (o que, em se tratando de Tailândia, não faz muita diferença). É a única receita com a lavra da cozinha do Palácio Real e foi introduzido na dieta da corte durante o reinado do rei Rama II (1809-1824). Poucos e seletos restaurantes de Bangkok o executam.

No mais, como é de se esperar, o cerimonial gastronômico do Grande Palácio inclui pequenas e saborosas excentricidades.

Reis e rainhas comem em separado até mesmo em grandes celebrações. Usam pratos e talheres de prata. A comida de Suas Altezas e convidados não pode conter peles, cascas, ossos, espinhos nem sementes. Nada, por menor que seja, que dificulte o ato de comer.

Uma galinha, por exemplo, é "dissecada", tem seus ossos, pele e miúdos retirados, para, a seguir, ser "remontada" e, aí sim, ir ao forno. Frutas, hortaliças e vegetais também são assepticamente descascados. À mesa, o serviço é à russa, *à la russe*, o que, entre outros rituais, significa a finalização do prato na própria mesa, diante dos comensais, pelo chef da casa. Apenas sopas e arroz são servidos diretamente pelos mordomos, que circulam em número proporcional ao de convidados.

Sem a pompa do Grande Palácio, a *royal thai cuisine* é a estrela em alguns palcos de excelência em BKK. Caso do restaurante Saneh Jaan, dileto para chefs, foodies e cozinheiros da cidade. *"Thai fine dining"*, recomendarão seus amigos tailandeses, a propósito do glamour da casa. O Saneh Jaan pratica cozinha clássica tailandesa de alto nível, exercitando ingredientes supremos. Ou, em outras palavras, *royal thai cuisine*. A estrela atribuída pela versão local do Guia Michelin à casa situada na notória Wireless Road, "a Quinta Avenida de Bangkok", está em boas mãos.

O menu da casa recria, em apresentações contemporâneas e anticonvencionais, alguns dos pratos apreciados pela Família Real. Embora não exclusivas do Palácio, algumas das receitas são antigas, difíceis de encontrar. Pratos como *Gaeng ranjuan* (sopa de porco com pasta de camarão), ou *Khai moo tao jiew* (ovos super *spicy*, ao molho de pasta de soja). E, claro, o *Khao chae* real.

Para jantar como um rei no Saneh Jaan é preciso não apenas reserva antecipada, mas comparecer acompanhado de um séquito: sem perder a sutileza, a comida é servida em grandes quantidades, como se destinadas a uma corte inteira.

LAVOURAS REAIS

PROJETOS DE AGRICULTURA CRIADOS PELO REI BHUMIBOL ADULYADEJ AJUDAM A VENCER DESIGUALDADES NO INTERIOR DO PAÍS

Ao peregrinar pelo interior da Tailândia com guias, conhecidos ou amigos tailandeses, eventualmente, em algum momento, surgirá uma situação envolvendo agricultura ou abastecimento – uma grande horta ou plantação, por exemplo. Em alguns casos, é quando se ouve a expressão: "Isto é projeto do Rei", seguida do complemento, "o nosso amado Rei".

Difícil não notar o tom de orgulho e enaltecimento na frase.

E é verdade. Por "projeto do Rei", entendam-se os *Royal Projects*, "Projetos Reais", iniciados por Sua Majestade, o rei Rama IX, em 1969.

Durante seu reinado, o muito amado soberano Bhumibol Adulyadej (1927-2016) articulou e aprimorou diversos deles, em várias regiões rurais necessitadas, notadamente o Norte/Nordeste. Seus objetivos: combater a pobreza, ajudar os mais desfavorecidos e, simultaneamente, preservar as reservas naturais tailandesas.

Não é preciso estar há muito tempo na Tailândia para sentir a enorme devoção e reverência do povo – de todas as classes e estratos sociais – ao monarca. Com sua morte, no final de 2016, essa devoção só pareceu aumentar – TVs do mundo todo exibiram as imagens do luto coletivo que envolveu a nação.

Por viajar constantemente para avaliar *in loco* eventuais problemas (de acordo com fontes oficiais, o soberano thai que mais viajou pelo país), o rei Bhumibol desde o começo de seu reinado de sete décadas (iniciado em 1946) identificou as muitas demandas das áreas rurais. Além da pobreza, um deles, de ordem mais grave: as lavouras de papoula para a produção de ópio, no Norte, na região do *Golden Triangle* (tríplice fronteira entre Tailândia, Laos e Myanmar).

A solução foi investir pesado em programas sociais e alternativas de outras lavouras, que não apenas o arroz: diversos tipos de frutas e flores, plantas medicinais, diferentes tipos de chás, bambu, vegetais, hortaliças etc., bem como em maciço reflorestamento de áreas ambientalmente degradadas. O conjunto da obra trouxe ao homem do campo tailandês novas perspectivas de ganhos e as consequentes transformações sociais positivas. O cultivo da papoula diminuiu. E os *Royal Projects* se intensificaram.

Tudo começa nas pranchetas dos *Royal Development Study Centres*. São seis ao todo, distribuídos pelo país, cuja responsabilidade é avaliar demandas e desenvolver estratégias regionais. Fazendeiros e produtores podem visitar esses centros para apresentar e discutir suas demandas, e os projetos só saem do papel após essa etapa de cooperação estreita com os povos locais.

Em anos recentes, os Projetos Reais espalharam-se ainda mais com a criação das *Royal Agricultural Stations*, fortalecendo a economia rural. Paralelamente, o governo aumentou também sua atuação em prol da preservação das florestas tailandesas.

Uma das grandes cidades thai, Chiang Mai, abriga duas *Royal Agricultural Stations*, Angkhang e Inthanon. Chama a atenção um dos importantes pilares desses projetos: como grandes lavouras serem prolíficas sem a utilização de fertilizantes químicos. Abertos ao turismo, esses centros de excelência rural oferecem ao visitante uma interessante visão humanista da Tailândia.

Ponto para os amigos tailandeses: longa vida aos "projetos do Rei".

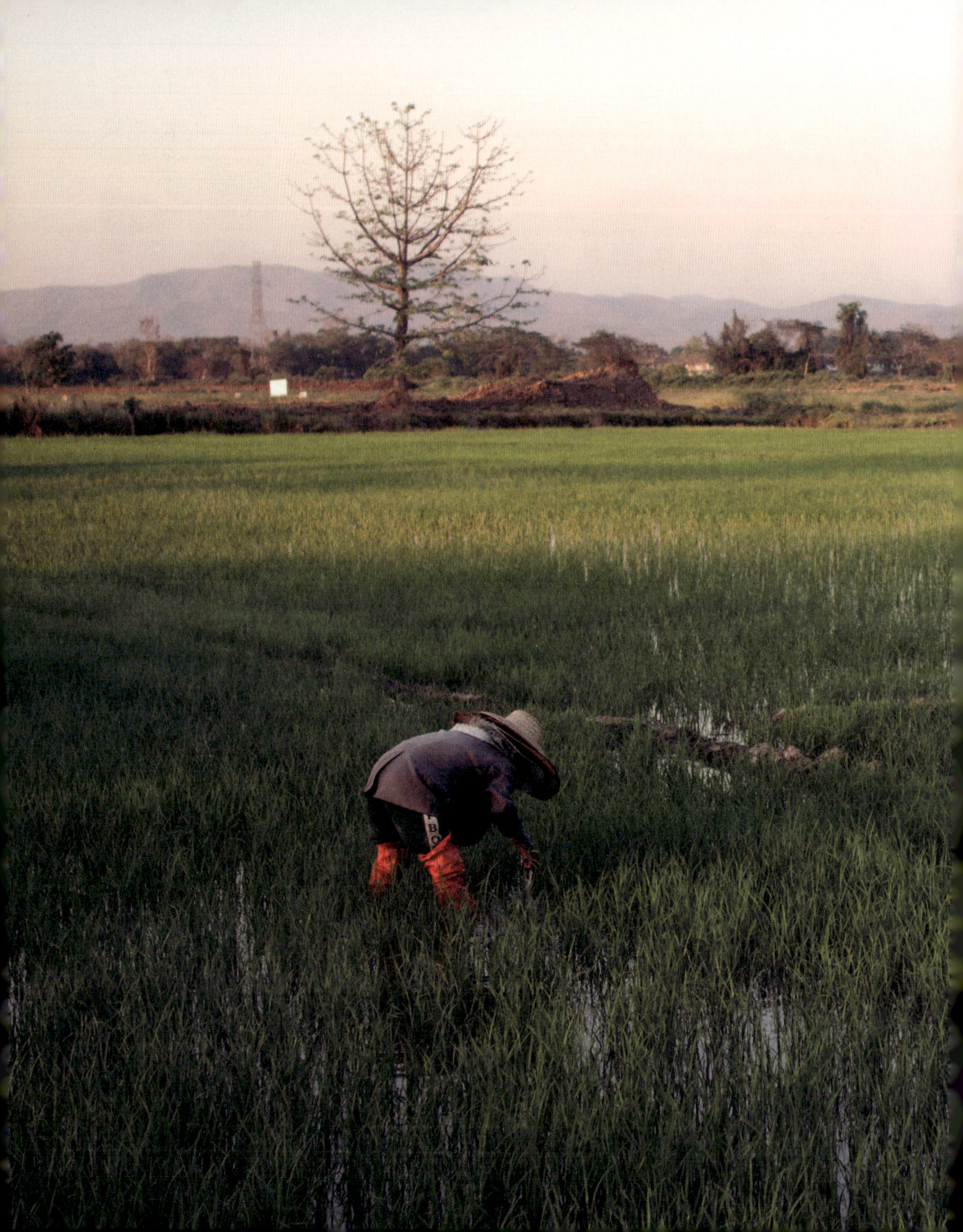

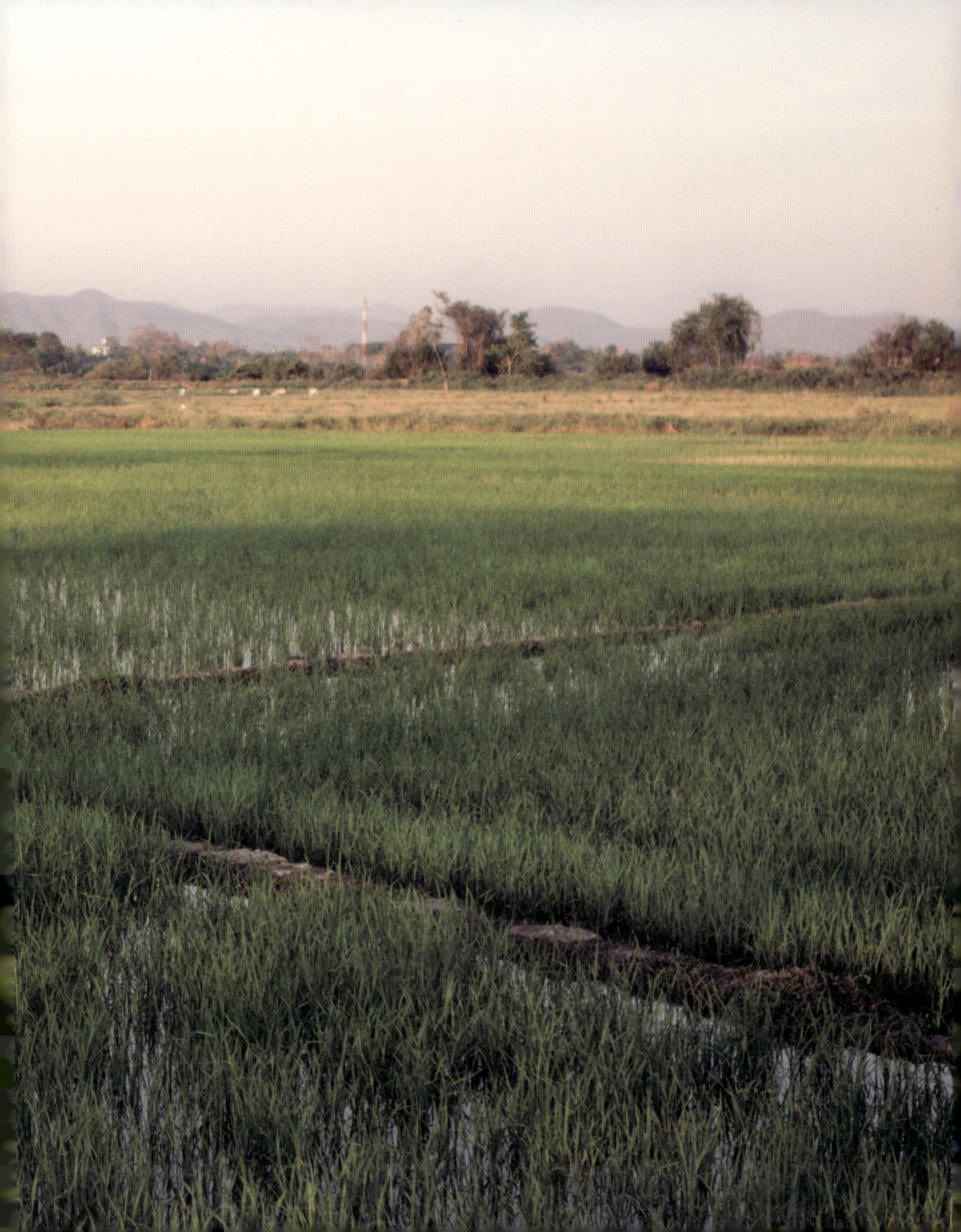

Histórias e Cores

[PARTE 2]

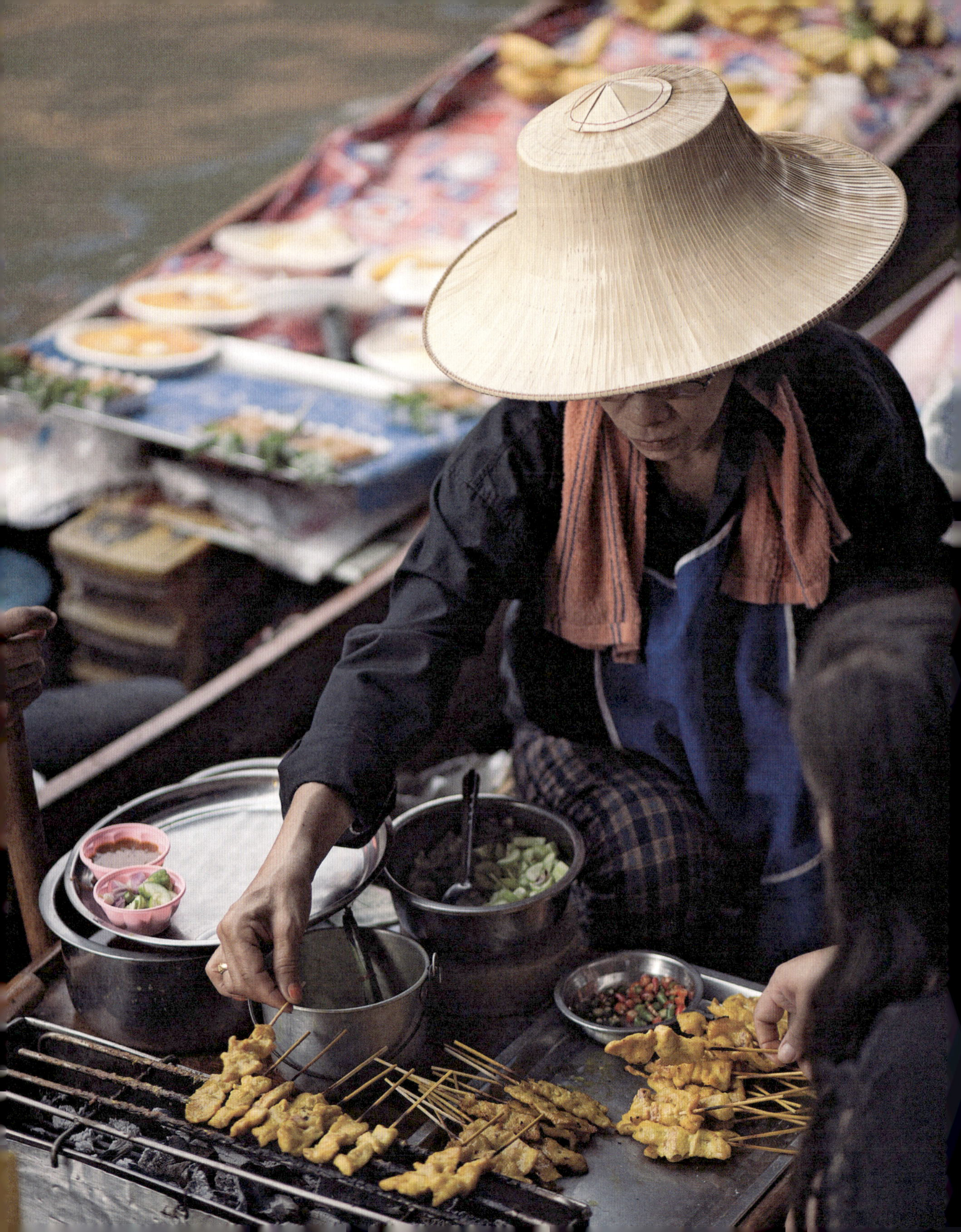

Mercados

A ALMA THAI

Destino turístico que tem na comida um de seus pilares, a Tailândia possui larga reputação quanto a seus mercados. Do concorridíssimo Chatuchack ao magnífico Or Tor Kor, passando pelos indispensáveis *night markets* – as feiras e mercados noturnos, estandartes nas maiores cidades do país –, uma imersão no DNA tailandês só é completa ao visitar esses tradicionais endereços de entretenimento e gastronomia – para comer ali mesmo ou levar para casa.

CHATUCHACK

Ironicamente, o maior e mais conhecido mercado de Bangkok é mais famoso pelas compras – e que compras! – do que pela comida, ainda que não desaponte nesse quesito. Aberto apenas aos fins de semana (e sempre lotado; é bom ir cedo), o Chatuchack Weekend Market tem média diária de 200 mil visitantes. A preços altamente convidativos (que melhoram sensivelmente ante o poder de barganha do comprador – pechinchar é uma regra), o clichê "tem de tudo" é a mais fiel descrição do gigantesco centro de compras inaugurado em 1942 e espalhado por 27 zonas e 8 mil estandes. São necessárias algumas horas de visita para que se comece a entender a dinâmica do autoproclamado "maior mercado de fim de semana do mundo".

Um mapa em mãos auxilia a jornada, mas perder-se também é caminho. De artes e literatura a animais domésticos, de moda e decoração a legítimo artesanato thai, de souvenirs variados a jardinagem, está tudo lá. Próxima a uma das entradas principais, uma imensa praça de alimentação sob um gigantesco toldo divide-se em diversos restaurantes-barracas que executam as mais emblemáticas receitas thai. E algumas exclusividades.

Uma delas, muito popular, refrescante e bem-vinda: o coco gelado. Não exatamente como o conhecemos, mas o "coco no grill": a fruta é totalmente desfibrada até a casca e vai à grelha, o que dá à água agradável aroma e sabor defumado, tirando o gosto meio salobro que caracteriza os cocos tailandeses

OR TOR KOR MARKET
Se algum produto ou tempero thai não está aqui, é porque não existe.

– mata a sede na hora! Difícil encontrar essa preciosidade fora do Chatuchack.

Outro disputado clássico do Chatuchack contra o intenso calor é o sorvete de coco com lascas da fruta por baixo, cubos de gelatina e grãos de milho verde, ou arroz, ou ambos, por cima – de brinde geralmente vem um copo de água de coco.

Para almoçar, com um pouco de paciência, consegue-se lugar no espaço da barraca escolhida. Mas como o foco de quem vai ao Chatuchack geralmente são as compras, a melhor pedida são as porções para petiscar, compartilháveis e servidas com maior rapidez, o que ajuda a provar diferentes comidas quando se está em grupo. A não perder: *Fried squid eggs*, lulas gigantes grelhadas ao curry verde com ovo; *Ton hoom pad hed*, mix de cogumelos fritos ao alho e molho de ostra; *Crab fried rice*, *Shrimp fried rice*, arroz frito na wok, com caranguejo ou camarões.

Lá pelas tantas, quando e se o cansaço bater, existem boas alternativas para relaxar: a preços módicos, os estandes de massagem tailandesa ajudam a recompor as energias.

OR TOR KOR

Localizado próximo ao mercado Chatuchack, o Or Tor Kor Market, ao contrário de seu vizinho, é 100% focado em comida. Mais que isso: é reconhecidamente o melhor mercado tailandês para se comprar comida. Ou comer no local.

SORVETE DE COCO
Com grãos de milho verde, antídoto perfeito contra o calor, no mercado Chatuchack.

FRIED SQUID EGGS
Lulas enormes grelhadas, outro hit do mercado Chatuchack.

Trata-se de uma verdadeira Disneylândia gastronômica, tamanha a oferta de tudo o que se possa imaginar por todo lado. Não por acaso, recentemente foi apontado em fórum da rede americana CNN como o quarto melhor mercado de comidas frescas do planeta.

Extremamente limpo, organizado, bem iluminado (e, importante, com ar-condicionado potente), no Or Tor Kor, o frescor de frutas, hortaliças e ingredientes em geral é a primeira coisa a chamar a atenção. No passado, o complexo nasceu como cooperativa de pequenos agricultores. Hoje, é operado pela *Marketing Organization of Farmers*, estatal ligada ao Ministério da Agricultura tailandês.

Natural, então, que os melhores produtores direcionem para lá o top de suas produções. A ponto de o Or Tor Kor ser conhecido por tailandeses menos abastados como "mercado de rico", já que a alta qualidade tem impacto nos preços um pouco mais elevados. O que em parte é verdade: boa parcela dos grandes restaurantes de Bangkok compra aqui seus insumos.

Aos finais de semana, a praça de alimentação vira programa de família, senha, aliás, para o turista *gourmand*: almoçar aqui é programa obrigatório e uma experiência realmente fora de roteiros turísticos tradicionais. Encravada na parte central do mercado, a praça de alimentação é dos poucos endereços de Bangkok onde se encontram pratos de diferentes regiões concentrados em um mesmo lugar. Em alguns dos boxes, falam-se dialetos.

Difícil é preservar a fome até chegar lá. Porque andar pelos corredores do mercado é petiscar a todo instante. Se você não compra, os vendedores oferecem para você provar. Servidas em sacos plásticos ou pequenas bandejas, as porções são bem baratas. Impossível resistir ao porco com arroz pegajoso – grelhados, enormes nacos do pescoço do animal são finamente fatiados e banhados com *Nam prik*, ao preço equivalente a meros R$ 5 a 8 as (fartas) porções. O preço é o mesmo de versões similares com camarões graúdos (*Shrimp spicy chili sauce*, acompanham vegetais) ou com – surpresa – carne de pato fatiada.

Lagostas para viagem? Um crustáceo de mais de 30 cm de tamanho, pronto para comer, sai por $ 250 *bahts* (perto de R$ 25). Frituras diversas, sopas, incontáveis "curries com alguma coisa": o repertório dos estandes é altamente variado.

O Or Tor Kor é também o paraíso das frutas exóticas. Idem para vegetais e legumes únicos, de planícies distantes da capital. A diversidade de arrozes tailandeses disponíveis é espantosa, e se um tempero, pasta, molho ou curry não está aqui é porque não existe, já que o setor de condimentos é um dos mais ricos do entreposto, assim como o de pescados e frutos do mar. E também o de carnes e embutidos, com a ressalva de que o Or Tor Kor é um dos poucos lugares em Bangkok onde se acha a viciante *Sai ua*, a linguiça típica do Norte, o melhor embutido tailandês.

Nenhuma visita ao Or Tor Kor é completa sem passar pelo setor doceiro. Famosa em toda Bangkok, a doceria "Nove Irmãs" (*Kaopeenong*) é destaque no mer-

OR TOR KOR MARKET

Localizado próximo ao igualmente famoso mercado Chatuchack, o Or Tor Kor Market é o melhor de BKK e 100% voltado à comida, exuberante em condimentos, frutas exóticas, frutos do mar, etc. No centro do entreposto, uma praça de alimentaçao com barracas de comidas de várias regiões, algo raro na capital. No entanto, para o tailandês médio, os preços aqui são considerados muito altos.

THAI ICE-CREAM SANDWICH
Com amendoim salpicado, o sorvete vai literalmente dentro do pão, que depois é fechado – e fica muito, muito bom.

cado, com uma movimentadíssima loja e seu arsenal de doces mais delicados, os favoritos das senhoras tailandesas de meia-idade. Ao redor da loja ficam os estandes de doçuras mais "raiz", com variações do clássico manga com arroz pegajoso e leite de coco, passando por diferentes matizes adocicadas do próprio *Sticky rice* (o arroz doce grelhado é um assombro de bom), e guloseimas tão sedutoras que configuram um capítulo à parte.

Porém, quando o assunto são as doces calorias do Or Tor Kor, nada se compara em estranheza e sabor a um curiosíssimo tesouro: *Khanom pang ai tiim* ou *Thai icre-cream sandwich*, o "sanduíche de sorvete". É assim: um pãozinho ao estilo francês é aberto, e dentro são colocadas duas gran- des bolas de sorvete de coco – não há versões com outros sabores. A finalização vem com amendoim e milho verde, salpicados em porções generosas. Fecha-se com a outra fatia do pão e… não é que funciona? Tão improvável quanto gostoso, refrescante.

MAHACHAI MARKET, A TAILÂNDIA COMO ELA É

Na província de Samut Sakhon, a 45 quilômetros a sudeste de Bangkok, o dia ainda nem amanheceu e o movimento de traineiras cruzando o Rio Tha Chin, que liga a cidade portuária ao Golfo da Tailândia, já é frenético. Estamos no maior entreposto pesqueiro do país (e um dos maiores do sudeste asiático), responsável por abastecer toda a região metropolitana de Bangkok, o que não é pouco. Trata-se de um enorme mercado a céu aberto, com centenas de barracas em sucessão interminável. Esse mercado maior é interligado a dezenas de outros mercados-satélite, quase escondidos, que brotam em ruas laterais e transversais da imensa área de Mahachai.

Vielas escuras conduzem a grandes galpões, onde frenéticos birmaneses (quase a totalidade da força braçal local) empurram carrinhos de gelo para cima e para baixo. Enquanto labuta, boa parte dos trabalhadores belisca o tradicional espeto de carne de porco apimentada. Por aqui não há estrangeiros, e dificilmente se acha quem fale inglês. Ainda assim, vale aventurar-se e fugir um dia do tradicional circuito turístico de Bangkok.

O acesso não é difícil: a partir da estação Wongwian Yai do BTS, o metrô de superfície, há um trem de subúrbio em direção a Samut Sakhon com vários horários ao dia. Originalmente construída como uma linha particular para conectar a produção pesqueira da região aos mercados de Bangkok, com o correr dos anos o projeto original foi deixado de lado, dando lugar ao atual comboio. Não espere conforto: à semelhança da Meaklong Line, a linha que alcança o simbólico "mercado do trem", a bordo tudo é muito simples – não há sequer ar-condicionado. Nem por isso a viagem é menos divertida.

Além de toda a sorte de peixes, no Mahachai Market reaprende-se o significado das palavras molusco e crustáceo, tal a quantidade de bichos esquisitos, em formatos e conchas das mais originais – chamam atenção, entre outros, a lula idêntica a um coração e o caranguejo em forma de tigela. Outro importante diferencial é que, por todo lado, vendedores oferecem uma inimaginável seleção de condimentos à base de frutos do mar, secos, líquidos, em pó ou fermentados – há montes de pasta de camarão que alcançam mais de um metro de altura. Boa parte da fama do Mahachai Market vem dessa paleta de temperos, que seguem daqui para o varejo de Bangkok.

MAHACHAI MARKET
No maior entreposto de pescados do país, não faltam formas inusitadas de crustáceos e moluscos vindos dos mares asiáticos.

NA LINHA
Quando o trem passa, tudo para, mas segundos depois, a feira volta ao normal.

MEAKLONG MARKET, O "MERCADO DO TREM"

A partir do terminal de Ban Laem, a 60 quilômetros de Bangkok, parte a linha Meaklong. O destino da peculiar composição de subúrbio não muito confortável é o internacionalmente conhecido mercado do mesmo nome, ainda que Meaklong seja terminologia local – para estrangeiros, o "mercado do trem" ocupa a lista de visitas imperdíveis na Tailândia.

Na prática, o Meaklong é apenas uma feira pequena, com leque de produtos diminuto, de e para tailandeses. A grande maioria dos comerciantes vende vegetais, molhos, peixes e frutos do mar desidratados – tudo em escala diminuta. Só que o fato de situar-se sobre uma linha ferroviária ativa e "engolir" o trem, à medida que este avança, atrai legiões de visitantes a este subúrbio para testemunhar (e fotografar) o jogo de "empurra e recolhe" das barracas, na passagem da composição ao chegar e partir do terminal.

Apenas turistas mais destemidos encaram a jornada Ban Laem-Bangkok, à proporção de 99% de locais: camponeses (não raro, transportando animais), pequenos comerciantes, caixeiros viajantes, estudantes, donas de casa, operários, monges budistas etc. A paisagem campestre vale a viagem: em meio à natureza generosa, a beleza da Tailândia se revela através de imensos arrozais, mangues, templos e mais templos. Algumas estações nada mais são do que casebres à beira da linha. Vez ou outra, o cheiro de *Nam pla* (molho de peixe) invade o vagão, denunciando os pequenos fabricantes informais ao longo do trajeto. Em alguns locais, o trem passa tão próximo às casas que dá para ver a TV ligada.

Eis que se chega ao distrito de Meaklong. Do primeiro vagão já se avista, a distância, as dezenas de barracas e um mar de gente de alguns metros de espessura espremida à direita e à esquerda da via férrea, acotovelando-se para tirar fotos.

O trem apita e acelera. Então, em um efeito "dominó", os comerciantes vão recolhendo as coberturas retráteis de suas barracas (só as coberturas), enquanto a composição desliza lenta e literalmente sobre os produtos à venda no solo – sem tocá-los!

Simultaneamente, centenas de mãos segurando câmeras e celulares surgem do nada, e há até quem permaneça sobre a linha, fazendo *selfies* e arriscando-se, a poucos metros da locomotiva. Uma loucura. Menos de 30 segundos depois, tudo volta ao normal, e a feira recomeça. Com o trem prestes a iniciar a viagem de volta, um alto-falante em contagem regressiva avisa os comerciantes, e o ritual se repete. O dia inteiro.

A melhor parte, entretanto, começa agora: na estação Meaklong, um punhado de restaurantes-barracas serve refeições memoráveis. Um roteiro completo, com entrada e dois pratos principais, para até três comensais, sai por não mais que $ 300 *bahts* (cerca de R$ 30). Dessa forma, o precioso *Morning glory* (o nome inglês é mais popular que o thai, *Pad pak boong fai daeng*) é perfeito como abre-alas para o *noodles* de arroz

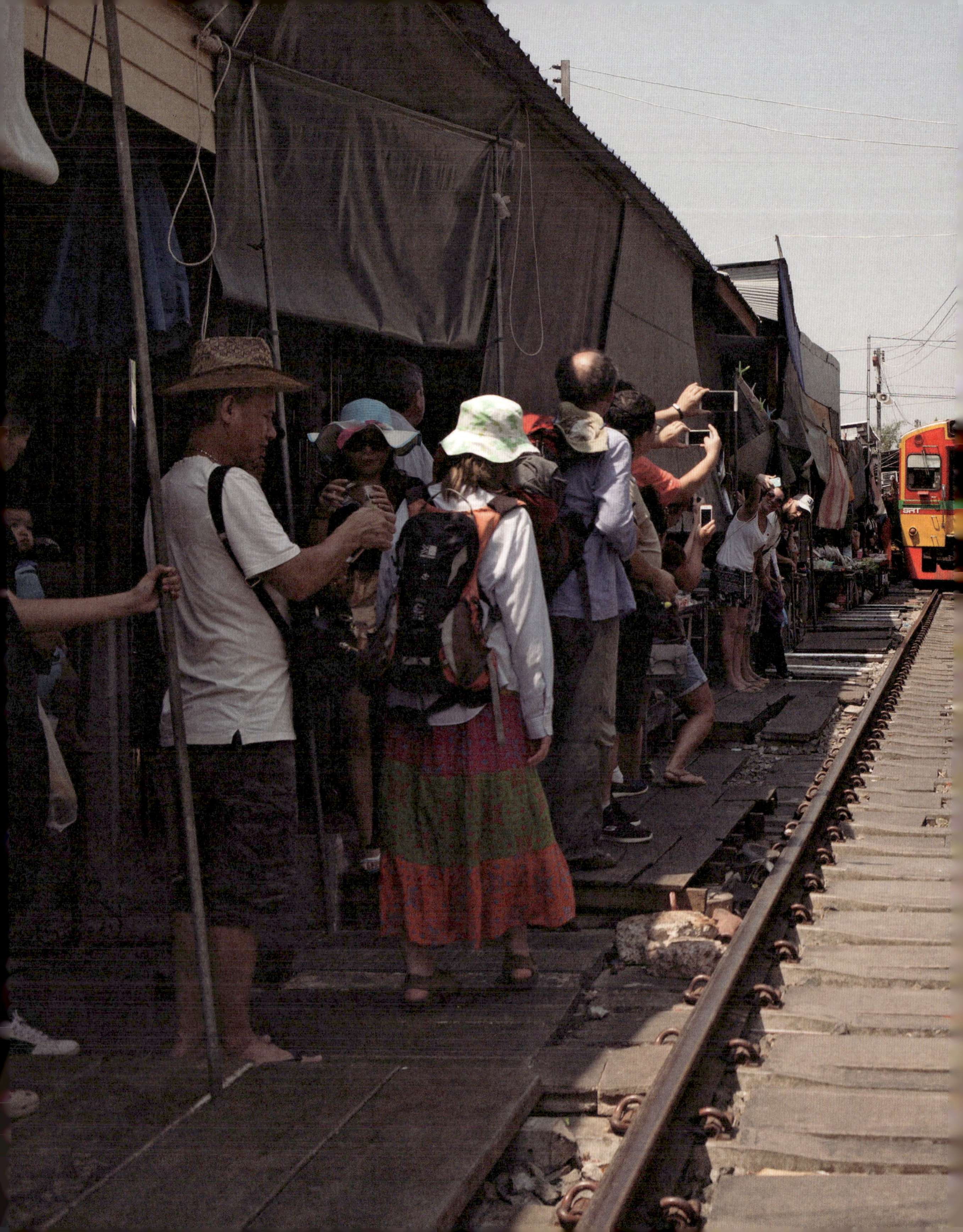

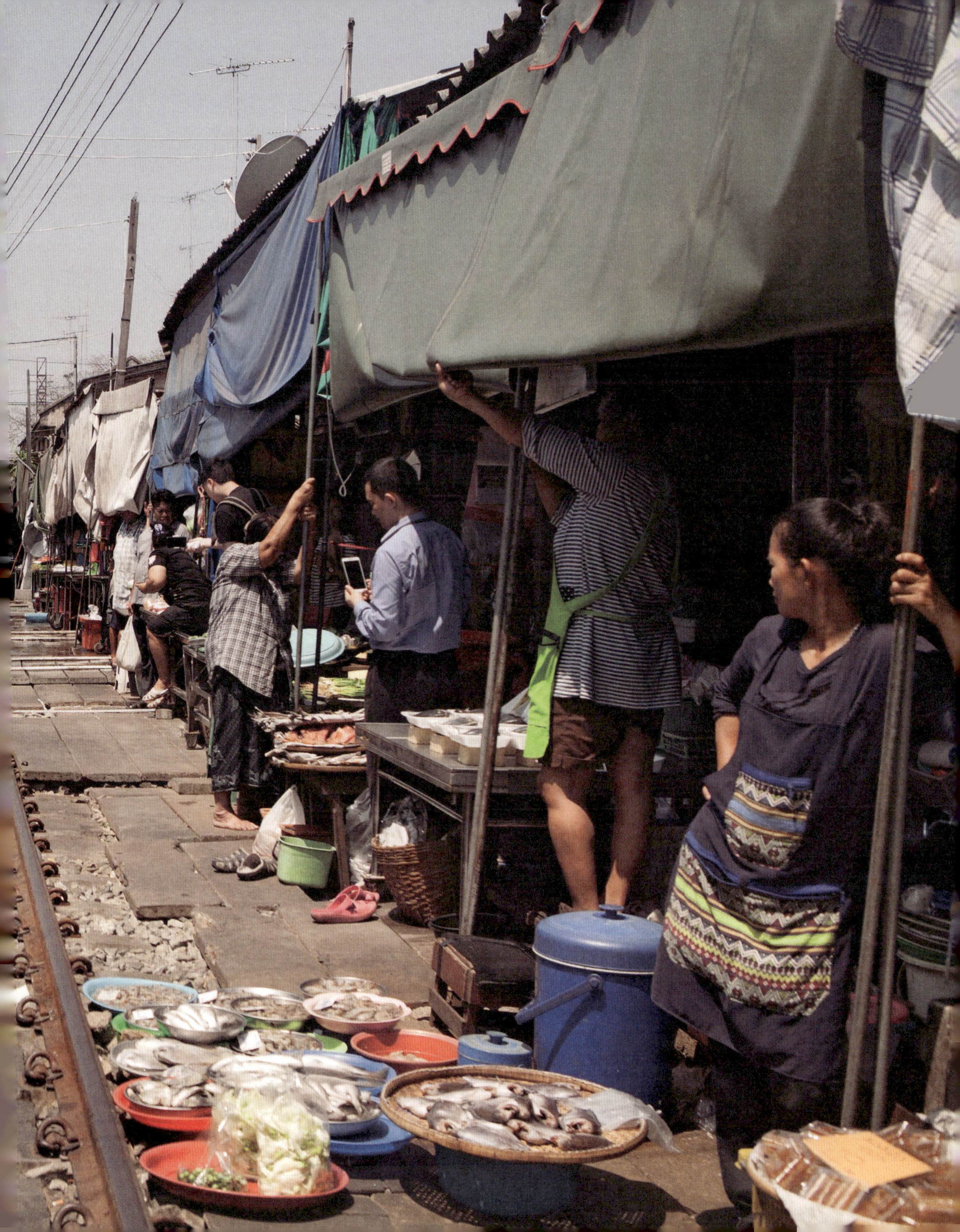

frito com carne de pato. De brinde, os comerciantes oferecem gratuitamente um doce ou copos de *iced tea*, à escolha do cliente – de quebra, quilos da tradicional simpatia tailandesa. E, logo ao lado, lojinhas vendem antiguidades e souvenirs – todos de temática ligada ao famoso trem.

NIGHT MARKETS: A NOITE TAILANDESA PULSA

Já sabemos que Bangkok e a maioria das cidades tailandesas oferece comida na rua a qualquer hora do dia ou da noite. Depois que o Sol se põe, o que já era bom fica ainda melhor com os *night markets*, grandes bazares noturnos a céu aberto onde se encontra de tudo, e onde a comida, como acontece em qualquer reunião de pessoas na Tailândia, não é mera coadjuvante.

Via de regra são locais de atmosfera vibrante, ao estilo "balada", onde a mistura de tribos, da juventude tailandesa *hipster* a turistas de todos os matizes, explica o porquê do sucesso desses endereços, assim como as compras de tudo o que se possa imaginar, do *fashion* ao *vintage*. Obviamente, a comida, farta e barata, também é parte da receita.

Há *night markets* espalhados por toda a Tailândia. Em Bangkok, alguns dos mais famosos e concorridos são o Patpong Night Market, o Rot Fai Night Market e o Pratunam Night Market. A notória Khao San Road, visitadíssima por turistas, também pode ser considerada um *night market*. E, mais recentemente, até o gigantesco Chatuchak tem aberto, parcialmente, nas noites de sexta-feira.

Mas o grande monumento da diversão noturna na capital tailandesa chama-se Asiatique the Riverfront: um megacomplexo de entretenimento que, como o nome indica, fica "em frente ao rio", em área gigantesca numa das margens do Chao Phraya.

Facilmente acessível por meio da malha de transporte urbano de Bangkok, que combina metrô e transporte fluvial, funciona das cinco da tarde à meia noite. Seu cartão de visitas é a imensa roda-gigante, cujos neons são facilmente avistáveis de vários pontos da cidade a partir do pôr do Sol.

Trata-se de programa imperativo para quem passa pela capital tailandesa. Nem tanto pela comida, que pouco tem de tailandesa, já que os inúmeros bares e restaurantes do Asiatique equilibram-se de *pubs* ao estilo britânico a comida francesa, e tudo o que couber entre os dois extremos: cantinas italianas, comida indiana, *fast food* thai, *kebabs* turcos, e muitos *et ceteras*.

Para além da glamorosa arquitetura, o que faz do Asiatique o mais popular *night market* em BKK é o equilíbrio de amalgamar no mesmo endereço lojas de grifes internacionais a centenas de quiosques mais simples, que vendem de tudo o que se possa imaginar a preços incrivelmente bons. Ou seja, pode-se tanto comprar souvenirs para presentear em casa ou simplesmente tomar uma cerveja. Some-se a isso um teatro dedicado a shows musicais (Calypso Cabaret Theater) e uma arena *indoor* para lutas de muay thai (o Muay Thai Live!), e a festa está completa.

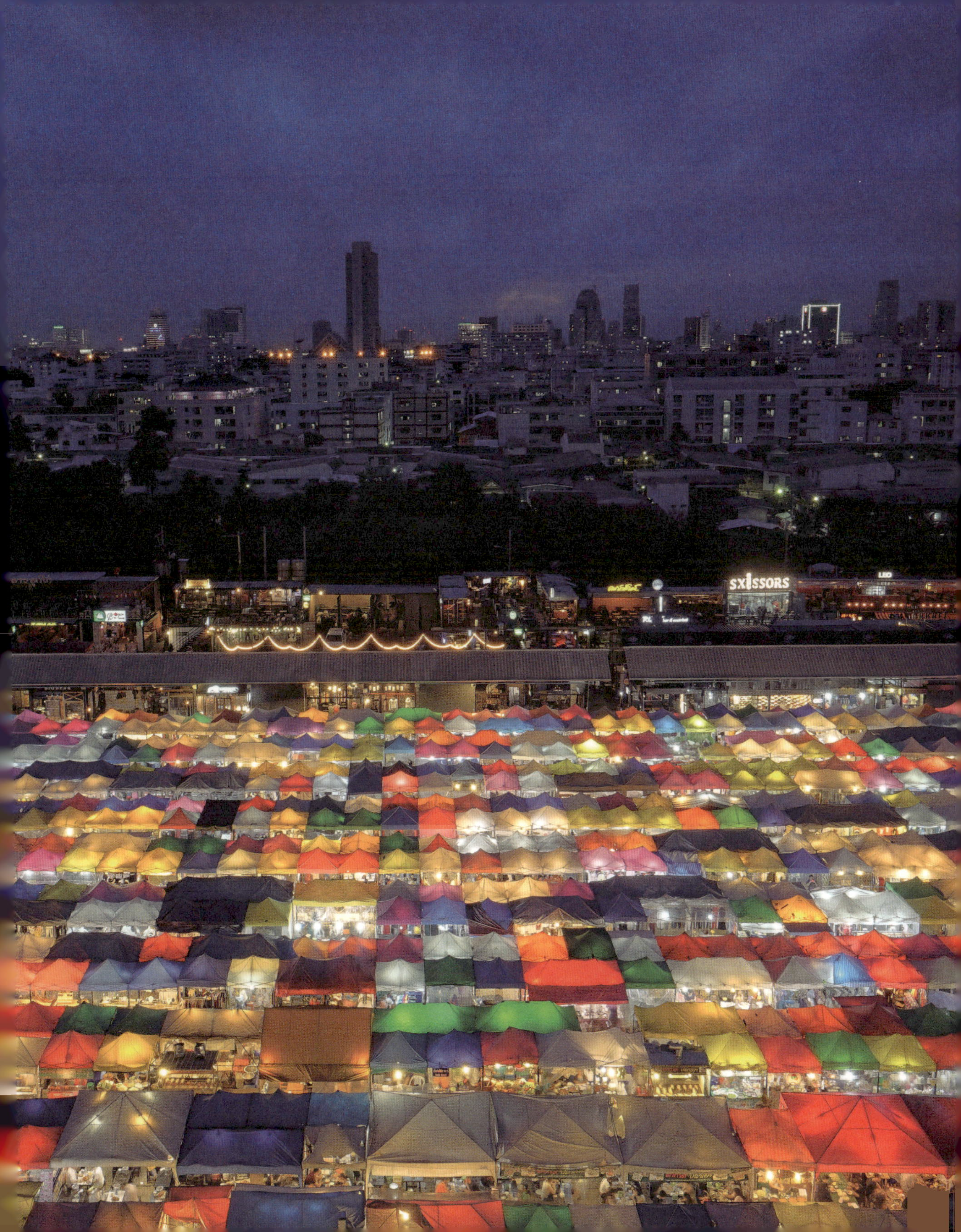

COMIDA A BORDO
No cartão-postal de mercados flutuantes como o Damnoen Saduak, tailandeses ganham a vida cozinhando em seus pequenos barcos.

MERCADOS FLUTUANTES

A imensa maioria de viajantes que parte com destino à Tailândia tem desenhado em seu roteiro a visita ao *floating market*, o mercado flutuante de tantos e tantos cartões postais e reportagens de turismo mundo afora.

Em Bangkok e arredores, não existe um mercado flutuante, mas vários e que propiciam diferentes níveis de experiências.

É parte da cultura local. O tailandês adora mercados flutuantes. Visitá-los, para comer, passear e fazer compras, é programa de fim de semana de famílias locais. Foi assim que a cultura dos *floating markets* floresceu e se desenvolveu: comida barata e farta em ambiente bucólico, à beira do rio. De quebra, insumos frescos para comprar e levar para casa.

Enquanto a voadeira ronca e solta fumaça deslizando por estreitos canais fluviais na periferia de Bangkok, é notável admirar a arquitetura das antigas casas de madeira com seus grandes pomares, indícios de uma *belle époque* e de uma Bangkok que já não existem mais. Hoje, a procissão interminável de barcos de turistas rumo ao Damnoen Saduak Floating Market, o mais famoso da cidade, é a mais completa tradução dos milhões de visitantes que o país recebe anualmente.

O mercado não é exatamente em Bangkok, mas a 90 minutos de viagem da metrópole. Na prática, trata-se de um gigantesco píer onde todos podem (ou não) desembarcar, uma enorme estrutura de cimento e madeira com passarelas e rampas para todos os lados, possibilitando múltiplos deslocamentos e acessos.

A atmosfera é intensamente vibrante e muito colorida. Lá embaixo, sobre as águas, comerciantes tailandeses, a maioria mulheres, vendem de tudo em termos de comidas, frutas, doces e verduras – os pratos são executados em fogareiros a bordo das pequenas embarcações e servidos quando um cliente sinaliza das margens do píer. Ou quando um das centenas de barcos de visitantes (aos finais de semana, a conta pode chegar ao milhar) transitando pelos canais encosta e alguém faz um pedido. Alguns desses barcos-restaurantes mostram pequenos cartazes com o cardápio do dia (escritos em thai). Tudo é muito barato.

Por todo lado, comerciantes e boxes vendendo a granel: roupas, souvenirs variados, quadros, bijuterias etc. Há inclusive a chance de fotos com animais exóticos – uma enorme píton tailandesa enrolada no pescoço, por exemplo.

No Damnoen Saduak, assim como no Amphawa Floating Market, o segundo mais visitado, muito do que se vê é voltado ao olhar estrangeiro. Ainda que ambos propiciem um banho cultural eletrizante, é possível vivenciar uma autêntica experiência thai em mercados flutuantes exclusivamente de e para tailandeses. Locais ainda relativamente impermeáveis a olhos ocidentais, onde o inglês não é moeda corrente.

E não é mesmo. No Tha Kha Floating Market, a forma de comunicação dos comerciantes com os não tailandeses é só por sorrisos. Muitos sorrisos. Ao redor, só asiáticos que, ao receber pagamentos, mal balbuciam o valor em um *thai-english* quase incompreensível. De estrutura mais enxuta, o lugar é um charme só. Além de comidas "de sal" nos pequenos restaurantes suspensos em palafitas sobre o rio, chama atenção a variedade de doces regionais, tentações difíceis de achar na metrópole Bangkok. A não perder: *Tung tong*, doce de manga madura, frita e enrolada como um rolinho primavera chinês. Já o indefectível *palm sugar*, açúcar extraído de palmeiras, fundamental em quase todas as comidas thai, que custa não mais que centavos.

Nesse pequeno santuário em meio a muito verde, o trânsito fluvial não é caótico como nos coirmãos famosos. As canoas destinam-se exclusivamente ao propósito de autênticos mercados flutuantes thai: moradores ribeirinhos que incrementam sua renda com o preparo e venda de comidas a seus patrícios, cozinhando a bordo das embarcações. O *real deal*. Não poderia ser melhor.

THA KHA FLOATING MARKET
Longe do turismo tradicional, bolsão de comércio fluvial de alimentos exclusivamente entre tailandeses.

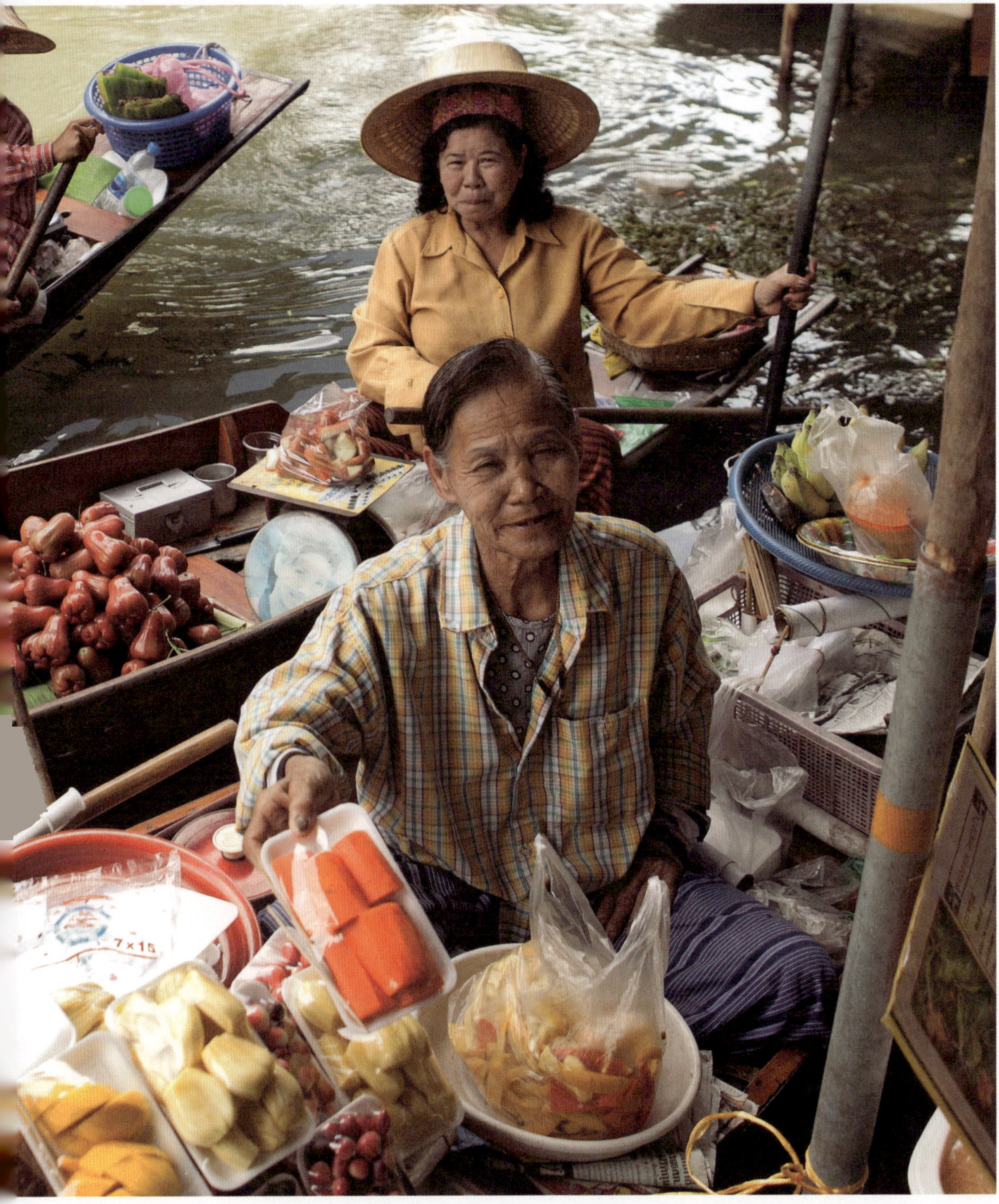
7x15

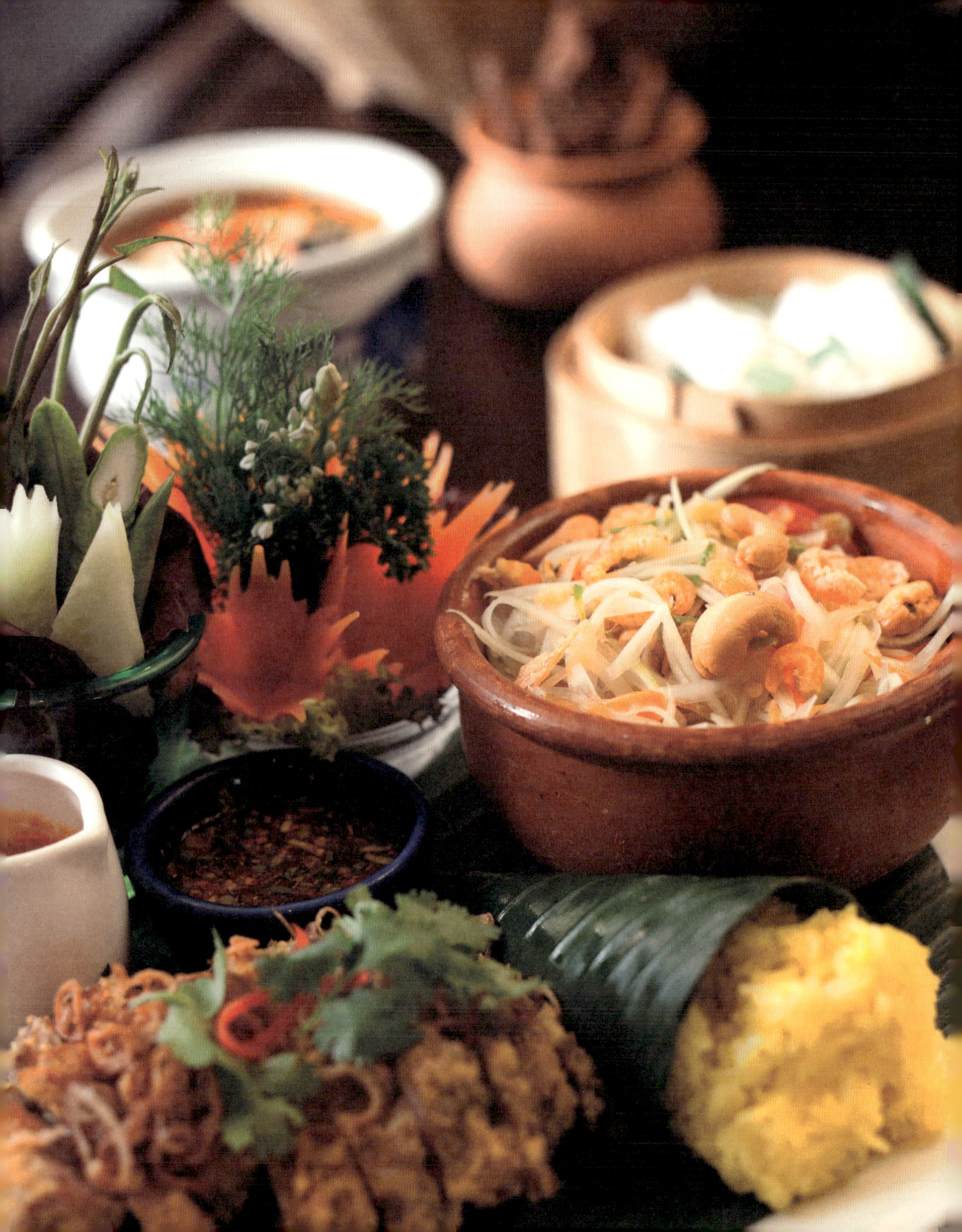

Muito além da comida de rua

GRANDES RESTAURANTES

Sejamos sinceros: tentar eleger os "grandes restaurantes" da Tailândia seria tarefa equivocada e pretensiosa, nem de longe o objetivo deste arrazoado englobando alguns endereços de diferentes latitudes e estilos que brilham em meio à percepção geral de que o ato de comer fora no país da mais famosa comida de rua do mundo resume-se apenas a isso: comida de rua. Com tempo, e tendo a sorte de poder viajar por diferentes regiões, é um raro privilégio garimpar a grande culinária thai feita entre quatro paredes. Aqui, uma breve seleção desses pedaços de paraíso.

NANG GIN KUI PRIVATE DINING (CHINATOWN, BANGKOK)

Não dá para deixar de se sentir um tantinho *bangkokian* quando, após um período na capital tailandesa, você desvenda segredos locais bem guardados como este. O Nang Gin Kui não é exatamente um restaurante, mas o charmoso apartamento do casal Florian Gypser e Goy Siwaporn, cuja sala de estar hospedava eventuais jantares *pop up* e hoje recebe com regularidade pequenos grupos para jantares privados. Estão juntos há uma década: ele, um arquiteto de Viena que caiu de amores pelo país à primeira visita, e que seis meses depois já estava de volta a Bangkok – para ficar; ela, PR & Marketing da megagrife Swarovski, ícone austríaco, na Tailândia. Em comum, a paixão pela gastronomia. Estava armado o cenário.

E que cenário! Instalado na parte mais antiga de Chinatown, literalmente "em cima" do Rio Chao Phraya, o lar do casal descortina o mais privilegiado visual que se possa ter em toda BKK do entardecer/anoitecer no "majestoso rio dos reis" – momento antológico, para dizer o mínimo. Enquanto Goy cozinha, Florian faz as honras aos novos amigos, ao som do melhor do jazz e ao sabor de coquetéis e ótimos vinhos. O jantar é servido sobre uma mesa de madeira ao nível do solo. Tudo muito informal.

Nesse script, as receitas de Goy, muito influenciadas pela mãe da simpática chef, utilizam os melhores ingredientes disponíveis. Compostos de seis a dez tempos, seus menus refletem o perfeito equilíbrio do conceito de *royal thai cuisine*, com ecos de *thai-fusion*. Sabores sutis, delicados, sem extremos – mas de alma 100% tailandesa.

PENLAOS (ASOKE VALLEY)

Este endereço aconchegante e despojado no interior do país vale o passeio – fica a pouco mais de duas horas da capital. Não apenas pela excelente comida, mas por situar-se às portas do famoso Khao Yai National Park, região de paisagens belíssimas do Asoke Valley. O estilo é de casa de campo, à vontade, com muita madeira no *décor*. Como o nome indica, há (muitas) influências do Laos na saborosa comida da casa, que começou como simples cabana à beira da estrada. Hoje, é extremamente popular e atrai gente dos quatro cantos do país por conta da competente cozinha Isaan, como é chamada a comida do Nordeste tailandês. Os hits: saladas (o *Som tam*, de papaia verde e a salada de bambu), o *Pad mee kroat* (*noodle* frito à moda local) e a *Grilled chicken* (galinha grelhada) ao molho *Nam prick*. Ainda na lista, *Pat krapao moo sap* (carne de porco picada com manjericão e arroz pegajoso, um primor!). De quebra, compras interessantes e lembrancinhas originais e baratas, como o artesanato regional do Asoke Valley, na bonita lojinha à entrada.

SEAFOOD MARKET & RESTAURANT (SUKHUMVIT, BANGKOK)

Não há como não amar a breguice brejeira deste gigantesco espaço (mais de 1.500 lugares), com cerca de 70 anos de funcionamento e seus neons coloridos e *vibe* de churrascaria brasileira de beira de estrada – um oásis de autenticidade em plena badalação da *Sukhumvit street*, região de grandes joalherias e grifes hoteleiras internacionais.

O bem-humorado bordão da casa diz tudo: "If it swims, we have it", cuja tradução alternativa poderia ser "se vem do mar, nós temos". E tem mesmo. A impressão é de uma filial tailandesa do mundialmente conhecido Tsukiji Fish Market, de Tóquio, o maior do mundo – a quantidade/variedade de peixes e frutos do mar é de derrubar o queixo. Cem por cento do que está exposto nas intermináveis bancadas de gelo foi pescado, na costa do país, no máximo 24 horas antes (limite imposto pela casa), mas boa parte do que se vai comer ainda está se mexendo.

Funciona assim: o cliente pega um carrinho de supermercado e, como se estivesse no dito-cujo, percorre as longas prateleiras, escolhendo o que quiser. Escolhe também a receita para seus pescados: molhos, condimentos, acompanhamentos etc. Vai ao caixa, pesa a compra, paga. A seguir, a mesma é encaminhada para a imensa cozinha, à vista dos clientes. Lá, três dúzias de cozinheiros (sim, 36!) executam seu show de pirotecnia culinária, com explosões de fogo e fumaça que fazem a festa dos raros ocidentais de passagem por ali.

SHOW DE PIROTECNIA
No restaurante Seafood Market, peixes e frutos do mar ainda vivos nas prateleiras, e performances dos 36 cozinheiros da casa.

A comida? Memorável! Nas paredes, prêmios e mais prêmios de gastronomia ganhos pelo restaurante, muito querido por um público seleto e fiel.

PUANG THONG (CHIANG MAI)

Em qualquer parte do mundo, dicas de locais valem ouro. Uma delas me conduziu a esta incrível e genuína experiência de comer na casa de tailandeses. Comida caseiríssima. De nível internacional.

Em uma bucólica casa thai interiorana, de meados do século passado, a própria família — pai, mãe e dois filhos — atende. O "restaurante": meia dúzia de mesas sob as árvores, no fundo do quintal, com o Rio Mae Ping, que corta a cidade, por testemunha. Fascinante!

Cansada da vida agitada da capital, a proprietária, senhora Mali Tiaree, 72 anos, simpaticíssima, cozinheira de mão cheia, mudou para Chiang Mai e resolveu abrir algo pequeno, familiar, que fosse a extensão de sua cozinha. Isso há duas décadas. Bem, não foi à toa que, um belo dia, recepcionou uma comitiva da Família Real tailandesa – princesa herdeira à frente –, que até ali se deslocou para conferir a fama de seus pratos.

SALA RIN NAAN
Experiência imperdível, o restaurante à beira-rio reúne comida espetacular e shows da legítima cultura tailandesa.

Provavelmente, Sua Majestade almoçou nas mesmas mesas simples, feitas de roda de carro de boi. E se deleitou com iguarias como a salada de castanha de caju (*Yam medmamuang*) com verduras e pimenta vermelha; a memorável carne suína com arroz pegajoso, *Moo tom khem*, macia, cozida longas horas e servida ao molho com *palm sugar*; sem esquecer do *Yam krathiem*, camarões ao molho de limão, alho e (muito) coentro.

"Aqui se come ao verdadeiro estilo thai". A frase entusiasta é da escritora francesa Catherine Cauneille-Sukrasorn, tão devota da comida da senhora Tiaree que, em 2007, publicou em Paris o livro *Thaïlande, la Cuisine de Ma Mère* ("Tailândia, a Cozinha de Minha Mãe"), carinhosa biografia culinária da anfitriã.

Uma bossa-nova *lounge* toca ao fundo em MP3 todos os dias (sim, fui conferir mais de uma vez!), sem que os donos saibam do que se trata. Nem precisa.

METHAVALAI SORNDAENG (PRANAKORN, BANGKOK)

Fica em frente ao obelisco Victory Monument, marco zero da capital. E ganha o cliente estrangeiro logo de saída, com o estilo rococó de garçons vestidos como marinheiros, mesas com toalhas de linho branco e uma simpática *crooner* desfilando o cancioneiro thai dos anos 1950/1960, embalada por um quarteto de músicos trajando smoking. Aberto em 1957, o Methavalai é uma das referências da metrópole quando o assunto é cozinha thai clássica. Seu menu (em inglês, o que ajuda) tem fama de abrigar achados pouco comuns em outras casas, nos dias de hoje. O ambiente 100% local e a clientela de certa idade tornam a experiência um show de autenticidade – é a mesa predileta de empresários, políticos, grandes comerciantes etc. Duas especialidades a não perder: os amplos menus de frutos do mar e os curries. Do primeiro, destaque para a maravilhosa salada de enguia cozida (*Steamed snakehead fish salad*) ao molho picante. E como da ampla carta de curries é tarefa difícil pinçar um só, o *Pork green* curry (porco cozido ao curry verde), mais o Roasted duck red curry (pato assado ao curry vermelho, favorito do autor), ambos ladeados por *Sticky rice*, completam a festa. Preços excelentes e porções pra lá de generosas.

IMPERDÍVEL
No Chao Phraya, o "rio dos reis", o jantar a bordo durante o passeio é programa obrigatório em Bangkok – com comida muito picante.

SALA RIM NAAN (BANGKOK)

Louvável referência de Bangkok City no quesito *royal thai cuisine* que, como vimos, alinha nas panelas os melhores ingredientes possíveis e disponíveis. O que torna o Sala Rim Naan altamente charmoso é a localização às margens do Rio Chao Praya – o melhor jeito de chegar lá é embarcar (gratuitamente) nos barcos-*shuttle* do Mandarin Oriental Hotel, proprietário do restaurante. O trajeto é curto, o restaurante é exatamente na margem oposta ao píer do hotel. E o que é aquela decoração? Linda, luxuosa, evidenciando as grandes referências estético-culturais tailandesas. Enquanto saboreia a comida, prepare-se também para uma real imersão no verdadeiro folclore thai, por meio de danças e cantos de uma trupe de músicos, um show de rara delicadeza. O serviço é impecável. Basicamente, vêm à mesa diferentes receitas *northern style* (incluindo muita carne suína), escoltadas por cestas de arroz pegajoso: *Gai tod* (galinha frita), *Nam prick ong* (carne de porco picada com tomate, ao molho picante – maravilhosa!), *Gaeng hung lay* (curry com porco ao estilo de Myanmar), além de clássicos (*Som tam, Tom kha gai*) e diversos acompanhamentos. Ao longo do percurso, bons rótulos pinçados da adega da casa. Comida excepcional, um banquete único, para o qual é fundamental fazer reservas. Para quem desejar uma experiência ainda mais autêntica, há a opção (também sob reserva) de ser recepcionado por um *Khan tok dinner*, cerimonial culinário do Norte do país no qual a comida vem em *bowls* sobre uma bandeja de madeira, para ser comida com as mãos.

JANTAR A BORDO PELO RIO CHAO PHRAYA (BANGKOK)

A lista não estaria completa se não incluísse a tradicional navegação noturna pelas águas do "majestoso Chao Phraya". Típico programa totalmente voltado a turistas mas, por vários aspectos, imperdível. Primeiro, pelo esplendor da visão noturna de boa parte dos principais pontos turísticos de Bangkok (a imponência dourada do Grande Palácio Real, por exemplo). Como regra, o serviço a bordo é atento, e a comida, ainda que em sistema de *buffet*, é competente – o trivial thai, os pratos clássicos, bem executados. E não espere que, por só haver turistas a bordo, o grau de picância seja diminuto – ao contrário, a comida é beeem *spicy*. Uma vez no deck da embarcação, é missão quase impossível contabilizar o número de barcos de excursão ao redor, singrando pelo Chao Phraya – inúmeros hotéis e agências operam o programa, com diferentes tipos de barcos. Dica: se tiver a chance, opte por embarcar nos centenários barcos de transporte de arroz, inteiramente em madeira, relíquias fluviais hoje revitalizadas. O Chao Phraya, a *folk music* tailandesa, a boa comida, taças ao alto no deck, a brisa noturna... momentos inspiradores. Ah, sim: o passeio é tranquilo e seguro.

SPICE MARKET (ANANTARA SIAM HOTEL, BANGKOK)

Poucas noites em BKK? Seu pacote de viagem inclui todo o restante do sudeste asiático? Bem, se o problema é espaço na agenda para incluir restaurantes, o do suntuoso hotel Anantara Siam, bem no "pulmão" comercial da metrópole, reúne tudo o que se precisa comer para uma real experiência tailandesa. Pequeno, o ambiente todo em madeira, é bastante acolhedor e intimista. A brigada é atenta, solícita e esmiúça didaticamente o menu para o cliente (muitos dos comensais são hóspedes estrangeiros, mas levas de *bangkokians* adoram a casa). O grau de excelência na execução e apresentação dos pratos é à altura da sinfonia de sabores que vem da cozinha. O cardápio mescla clássicos thai a receitas regionais. O "esquenta" vem na forma de *snacks, Poh pia din sor*, espécie de rolinho primavera de vegetais, sequinhos, crocantes. Memorável, o *Khao soi gai*, aqui, é ao estilo do Norte, com frango; idem para o *Gaeng phed gai rue moo*, soberbo curry vermelho com carne suína, ao leite de coco. Havendo ainda espaço para sobremesas, o tradicional *Mango sticky rice* surge em nova roupagem, ao trocar com louvor o leite de coco da receita original pelo creme da fruta.

BAAN (LUMPHINI, BANGKOK)

"Receitas tailandesas de família", prega o orgulhoso subtítulo do nome do restaurante – baan, em tailandês, significa "lar". Verdade: aqui, o jovem chef *restaurater* Ton (Thitid Tassanakajohn), estrela da moderna cozinha do país em seu thai--bistrô Le Du, resgata receitas da avó e da mãe, que confessadamente levaram-no a abraçar a profissão. O local é pequeno, "descolado", o público, jovem, basicamente de profissionais liberais que trabalham na região e (muitos) amigos do chef e de seu irmão, que toca o negócio no dia a dia. Sob cinco pilares (frutos do mar, carne de porco, cordeiro, arroz pegajoso e, surpresa, ovos), Ton desfila maravilhas como variações com pescados da tradicional salada de papaia verde (*Som tam*) e pratos-assinatura à altura de seu talento, como *Pra kor moo yang*, carne de porco grelhada e *beeem* apimentada à moda do chef. A ordem é "menos é mais", e o despojamento nas apresentações dos pratos abre caminho para Ton ir direto ao ponto nas comidas e receitas de sua mãe e avó que marcam sensivelmente sua trajetória pessoal e profissional.

RIM NAM (ANANTARA HUA HIN RESORT & SPA, HUA HIN)

Atmosfera elegantemente casual, ao lado da piscina e a poucos metros das praias de Hua Hin, importante balneário a 200 quilômetros de BKK. Apesar do nome em referência à cozinha do Norte-nordeste tailandês, há pitadas *fusion* no cardápio, que não declina da essência thai. Chamado de *Spice Trail* ("Trilha do Tempero"), o menu-bússola sugerido pelo chef agrada a iniciantes sem desapontar quem já surfa na apimentada culinária thai. Inclui *Fish cake* (bolinhos de peixe) e *Som tam* (salada de papaia verde). E quando o assunto é comida thai sem concessões, cabe reverenciar o sabor do *Gaeng massaman* curry (curry denso, escuro, com canela e cardamomo), que banha nacos de carne bovina, cebolas e castanhas de caju. De sobremesa, o inusitado sorvete apimentado com banana flambada (*Chili icecream flambed bananas*).

SAINAN PHUNG ORCHID RESTAURANT (CHIANG MAI)

Um santuário servindo comida arrebatadora. O *orchid* ("orquídea") do nome não é mera poesia, já que estamos no meio de um orquidário na zona rural de Chiang Mai, na estrada que leva a Chiang Rai. No local, os proprietários, a hospitaleira família Boonmee, produzem, vendem localmente e até exportam mais de mil espécies da flor. O espaço, gigante, é belíssimo, e comporta ainda um pequeno museu de carros antigos e uma loja, onde é vendida a grife de cosméticos e joias da própria linha Sainan Phung. O restaurante, rústico e à vontade como quiosques de beira de praia, fica em meio à imensidão verde ao

ORCHID RESTAURANT: Em Chiang Mai, o belo santuário ecológico comunga comida memorável à plantação e comércio de orquídeas.

redor. A cozinha ganha o jogo logo de saída ao abrir os trabalhos com *Fried shiitake, pea, shrimp with oyster sauce* ("salada de feijão verde com shiitake frito e camarão ao molho de ostra") e segue na dianteira com pérolas da culinária Isaan (típica do Nordeste thai): *Sour pork stir with egg* (porco "azedo" frito com ovo), surpreendente (quase) risoto saído da panela wok com arroz pegajoso, carne de porco e ovos, raro de se encontrar em outras latitudes da Terra dos Sorrisos. De quebra, a simpatia dos anfitriões.

PAD THAI THIP SAMAI (KHET PHRA NAKHON, BANGKOK)

O melhor *Pad thai* do mundo? Há quem aposte que sim. De Bangkok, ao menos, parece não haver dúvidas: aqui, filas de *bangkokians* fazem suas orações à cata do *Pad thai* supremo. De ambiente bem simples, o agora restaurante (começou como barraca de rua) executa o prato referência nacional com raro grau de excelência. E pitadas de teatralidade, já que as labaredas das woks sobem alto enquanto o aroma inconfundível da iguaria toma conta dos arredores, graças à destreza de cozinheiros "pilotando" as panelas no salão e até na calçada. Alçar o trivial a outros patamares não é fácil, mas o Thip Samai chega lá, por diferentes versões – sim, o cardápio é 100% de *Pad thais*. Céus, e o que é aquele *Pad thai haw kai goong sot*? O nome, quilométrico, nada mais é que o *Pad thai*, assinatura da casa, delicadamente envolvido por uma fina película de ovo, que literalmente "explode" em sabor ao toque do talher. Moral da história: *Pad thais* excelentes há na Tailândia inteira. Até em redes de *fast food*. O do Thip Samai é o chamado "ponto fora da curva".

SALA MAE NAM (CHIANG RAI)

"Bem-vindo à selva", aqui, não é força de expressão, estamos no Norte do país, na região do *Golden Triangle*, próxima à fronteira com o Laos e Myanmar, onde é comum se ouvir, à mesa, bramidos de elefantes e sons de outros animais, já que o hotel Anantara Golden Triangle Elephant Camp & Resort e seu louvável restaurante Sala Mae Nam ficam praticamente encravados na floresta do Mekhong Valley. Em outro exemplo de que a rede hoteleira não descuida da essência em suas cozinhas, o chef Paiton Surawongpainboon, craque das panelas, brinda hóspedes com menus incríveis, dignos de reverências. Sua assinatura é a cozinha do Norte do país. Pratos como *Steamed fish with red curry and vegetables* (peixe no vapor com curry vermelho e vegetais), e a obra de arte *Paneang phed* (curry estilo *Phaneang* com perna de pato) são verdadeiros manás. Chef Paiton ainda conduz seus comensais ao sétimo céu graças ao estupendo *Khao soi gai*, um caldoso *yellow noodle* curry com galinha, ao melhor estilo do Norte.

UMA ESFINGE CHAMADA CHINATOWN

Entre os inúmeros ativos turísticos por todo o país, Chinatown, o bairro chinês em Bangkok, é destino fundamental para quem visita a Tailândia

Com enorme lastro na história e economia tailandesas, o bairro originário dos fluxos migratórios chineses tem duas diferentes facetas, diferentes entre si, ambas marcantes: a diurna e a noturna. Para quem embarca rumo ao Graal da comida tailandesa, a segunda faz muito mais sentido.

Sua fundação remonta a 1782, quando largos contingentes de imigrantes chineses começaram a se estabelecer na região. Durante o século XIX e principalmente ao longo do século XX, transformou-se no principal polo comercial tailandês. Gerações depois, ainda hoje é o maior e mais representativo baluarte da cultura chinesa na Tailândia. E virou *hub* gastronômico.

À luz do dia, circulamos por uma babel que em muito se assemelha à região da Rua 25 de Março paulistana, só que, em tamanho de área, muitíssimo maior. Consequentemente, com uma amplitude de oferta de produtos na mesma proporção (eletrônicos, principalmente). Um colosso. Muitos estabelecimentos de roupas e presentes. Se algo não está à venda aqui é porque talvez ainda não tenha sido inventado. Preços de cair o queixo de tão baixos, mas todo comerciante, sem exceção, espera que você pechinche.

A Chinatown diurna é um programa muito legal. Antropológico, até. Pode tranquilamente consumir um dia inteiro de visita, ou até mais: pegue-se, por exemplo, o reduto chamado Bangrak e seu gigantesco e impressionante mercado das flores, um dos maiores do mundo, com centenas de barracas e boxes. O mercado funciona ao lado de um *street market* de alimentos onde só thais se abastecem – e onde estrangeiros são raridade.

O ideal, de dia, é contar com a presença de um guia especializado. Os *street gurus* ("gurus de rua"), como são chamados.

À medida que o Sol se põe, a coisa muda de figura – para melhor. Esqueça o *street guru*, pegue um táxi ou tuc-tuc, fuja da zona de conforto. E... ah, sim, eleve à enésima potência tudo já visto e degustado em termos de comida de rua. Na Tailândia ou em qualquer outro lugar.

Bem no centro do Odeon Circle, importante largo de BKK, fica o imponente Chinatown Gate. Erigido em 1999, o portal é o marco zero do bairro. A partir dele, suba, no fluxo do trânsito, a Yoawarat Road, principal artéria de Chinatown. É ali que, a partir do fim da tarde, emerge um boulevard multicolorido de luzes e neons em tal profusão que a semelhança com Tóquio, Las Vegas ou com a Times Square nova-iorquina não é exagero. E quase tudo aquilo tem ligação com a comida. Direta ou indiretamente.

Bem-vindo a Chinatown, um frenesi *non stop* de locais e visitantes, em proporção de 50-50%, que está lá por um só motivo: fartar-se de comida a preços irrisórios. Entre os comensais, hordas de europeus e trilhões de chineses em visita à Tailândia.

E não apenas na Yoawarat Road onde, além da comida nas calçadas, há inúmeros restaurantes mais formais. Como uma Medeia asiática, os tentáculos de Chinatown se espraiam ao longo de múltiplas travessas, que por sua vez abrigam vielas e becos mais estreitos, onde se comprime um mundaréu de gente ao redor de barracas e carrinhos.

Algumas dessas vielas escondem casas de *noodles* muito antigas, com fachadas que parecem saídas de filmes de época da Pequim do início do século XX.

Parte das lojas do comércio "diurno" continuam abertas, com eletrônicos, brinquedos, roupas, perfumes, presentes, o que se possa imaginar.

No geral, a Chinatown noturna é um caos extremamente organizado e seguro, sem grandes motivos aparentes para preocupações. Mas não exatamente recomendável aos mais suscetíveis a multidões, caso das sextas-feiras e sábados à noite.

Além das comidas prontas, há um sem-número de comércios de matérias-primas e condimentos. Cada uma dessas barracas, tendas ou carrinhos tem função específica.

Há as especializadas em curries (amarelo, vermelho, verde), as que só vendem molhos prontos (de tamarindo, *Nam pla*, *Nam prick* etc.), as de temperos, as só de verduras e vegetais. E ainda (várias) barracas dedicadas exclusivamente a ingredientes do *Pad thai*, o prato-assinatura tailandês.

Quando a sede bate, há dois caminhos: um deles, as cervejas locais (Chang, Singha, Leo), nas muitas e lotadas lojas de conveniência das redondezas (recomenda-se discrição ao beber álcool em público). Mas não dá para fugir do "canudinho no saco plástico" com *Thai coffee* (café, uma pitada de leite condensado e muuuito gelo). É mania nacional, todo mundo faz isso.

Tudo isso é só o começo. Por si só, Chinatown mereceria um longuíssimo compêndio para chamar de seu. Decupar a esfinge é preciso.

Dois tesouros preciosos, ainda à luz do dia: a maior fábrica de *noodles* da região, e os emocionantes doces do senhor Jueng Ken Seng.

COMO NA VELHA PEQUIM.
Alguns antigos restaurantes
de Chinatown evocam
o passado da imigração
chinesa na Tailândia.

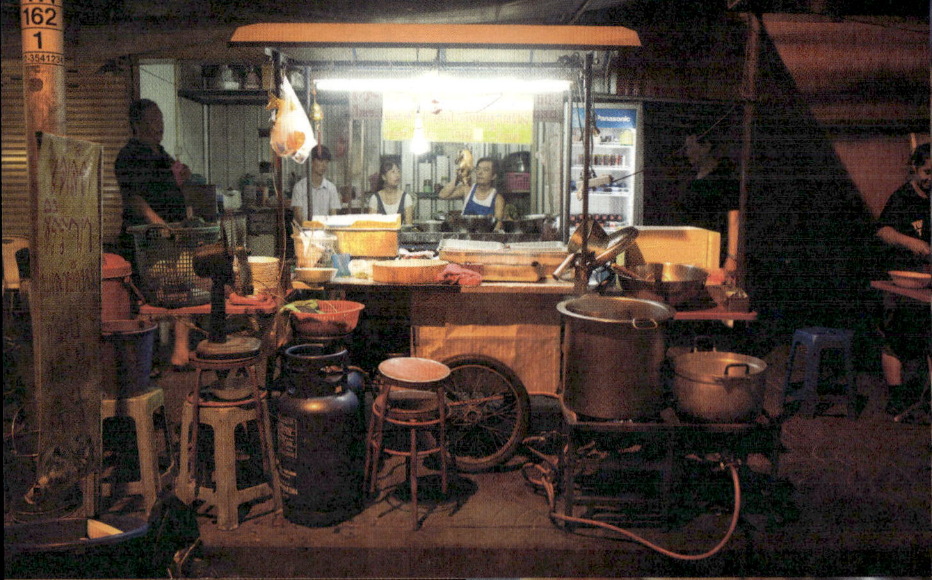
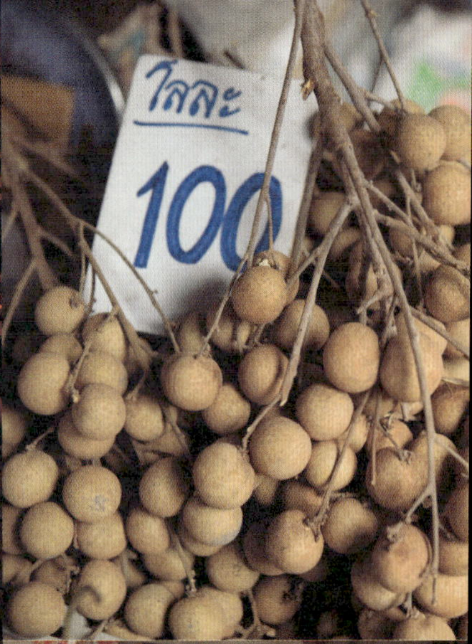
โลละ
100
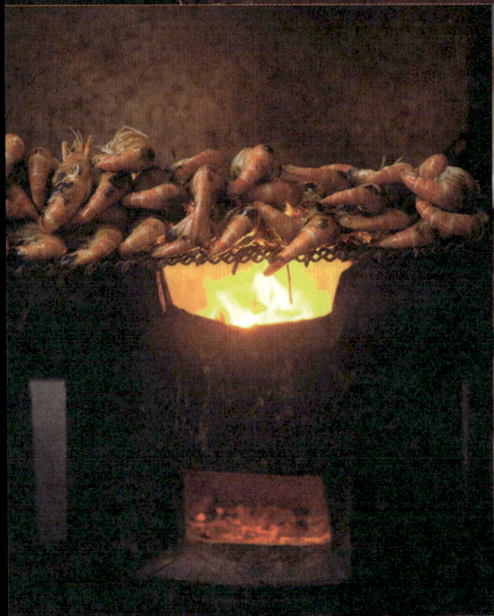
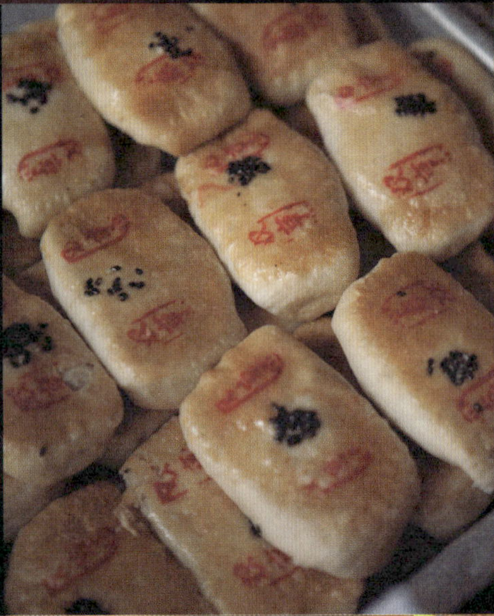
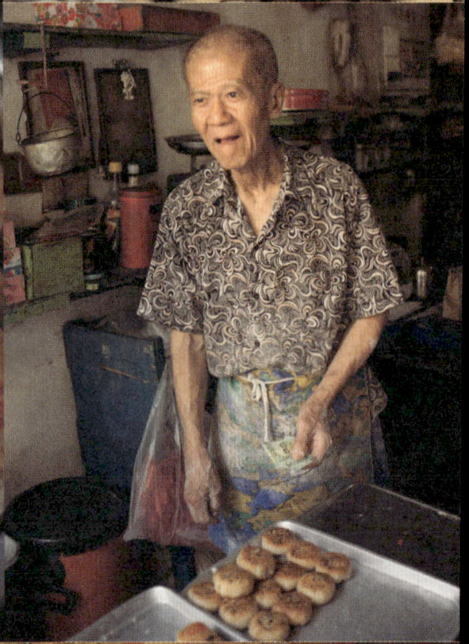
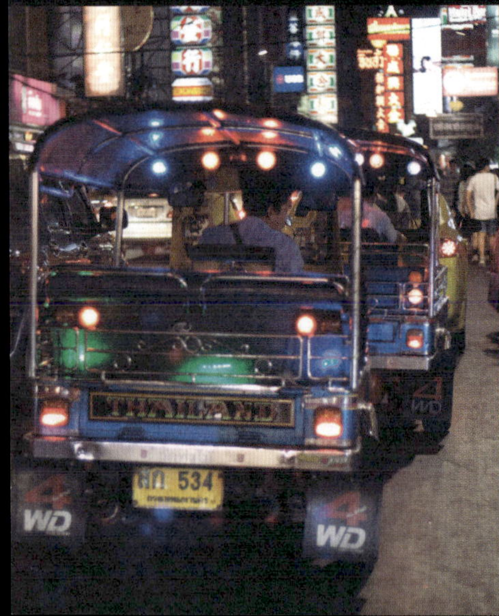
WD
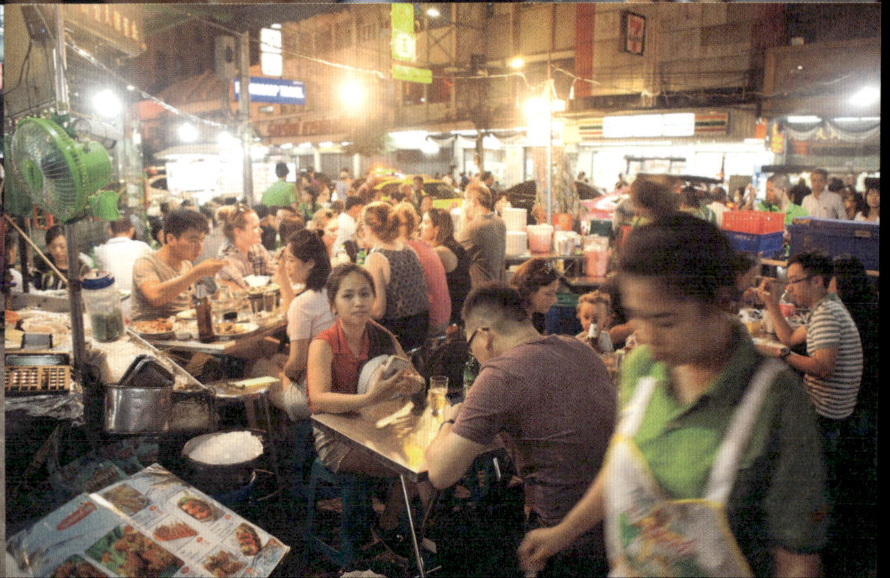

BABILÔNIA CULINÁRIA

No mosaico de sabores que é Chinatown, toda noite multidões vão de tuc-tuc em busca de comida ótima e barata nas barracas e restaurantes. Alguns segredos estão bem guardados, como os emocionantes doces artesanais do senhor Jueng Ken Seng, fabricados por sua família há quase um século.

Funcionando em um espaço diminuto, ainda assim a fabriqueta Zhang Wei Noodles é, de acordo com os proprietários, a maior fornecedora de *noodles* para toda a Chinatown desde o século passado. O espaço nada tem de turístico – ao contrário, é um tanto rústico. Mas fascina aprender sobre a fabricação artesanal secular dos muitos diferentes tipos de macarrão chinês da casa.

Só mesmo com o auxílio de um guia turístico se chega à centenária fábrica de doces Thiap Diang, na *Shun Lee Lane,* em uma parte de Chinatown pra lá de *underground*, cercada de oficinas automotivas. Mas vale a viagem: emociona, até, conhecer o senhor Jueng Ken Seng e seu artesanato doceiro. Ele tem 83 anos, e há mais de 70 dedica-se ao longevo negócio da família, que acabou herdando. Os doces de massa caseira que saem de seu forno são verdadeiros elos perdidos de um tempo em que Chinatown era maciçamente apenas da colônia chinesa – muito dificilmente os doces são encontrados em outras paragens. Leves, um primor de sabor (os melhores que provei na Tailândia), encantam igualmente pelo intenso aroma. Sua clientela é formada basicamente por clãs sino-tailandeses quatrocentões de Bangkok. Que, além dos doces, encomendam também para festas os belíssimos arranjos e enfeites de temática chinesa que o senhor Seng confecciona como artista que é.

Há também um "lado B" não muito ecológico em Chinatown. Não é preciso caminhar muito para topar com algumas heranças da imigração chinesa pra lá de controversas e discutíveis, mas que encontram espaço na tradição local e assim têm que ser respeitadas. Por todos os lados, não faltam vitrines oferecendo as politicamente incorretíssimas barbatanas de tubarão e os chamados "ninhos de andorinha". No primeiro caso, o consumo traz um suposto fortalecimento da saúde e dos ossos – e ainda o *status* de desfrutar, dentro da cultura chinesa, de uma iguaria ímpar, reservada a bolsos mais abastados. Aqui, muitos restaurantes oferecem a tal sopa da barbatana. Que, dizem, é muito insossa.

Também pululam lojas vendendo enormes barbatanas secas do bicho, por milhares e milhares de *bahts*, de acordo com o tamanho. Cena pouco agradável de se testemunhar.

Já no caso do ninho do pássaro, os preços são ainda mais surreais, e um quilo do tal ninho "vermelho", tido como o mais benéfico à saúde pelo suposto altíssimo valor nutricional e imunológico (afrodisíaco, também), pode custar até US$ 10 mil. Como no caso das barbatanas, os ninhos são usados para sopas – na prática, um "caldo de ninho de andorinha", por vezes encorpado com a adição de ovos e cogumelos.

Muitas lojas vendem caixinhas de ninhos edulcoradas para presente. Sabe-se que os métodos de obtenção da iguaria, em cavernas ou em ravinas no alto de montanhas, não primam exatamente pelos bons tratos ecológicos.

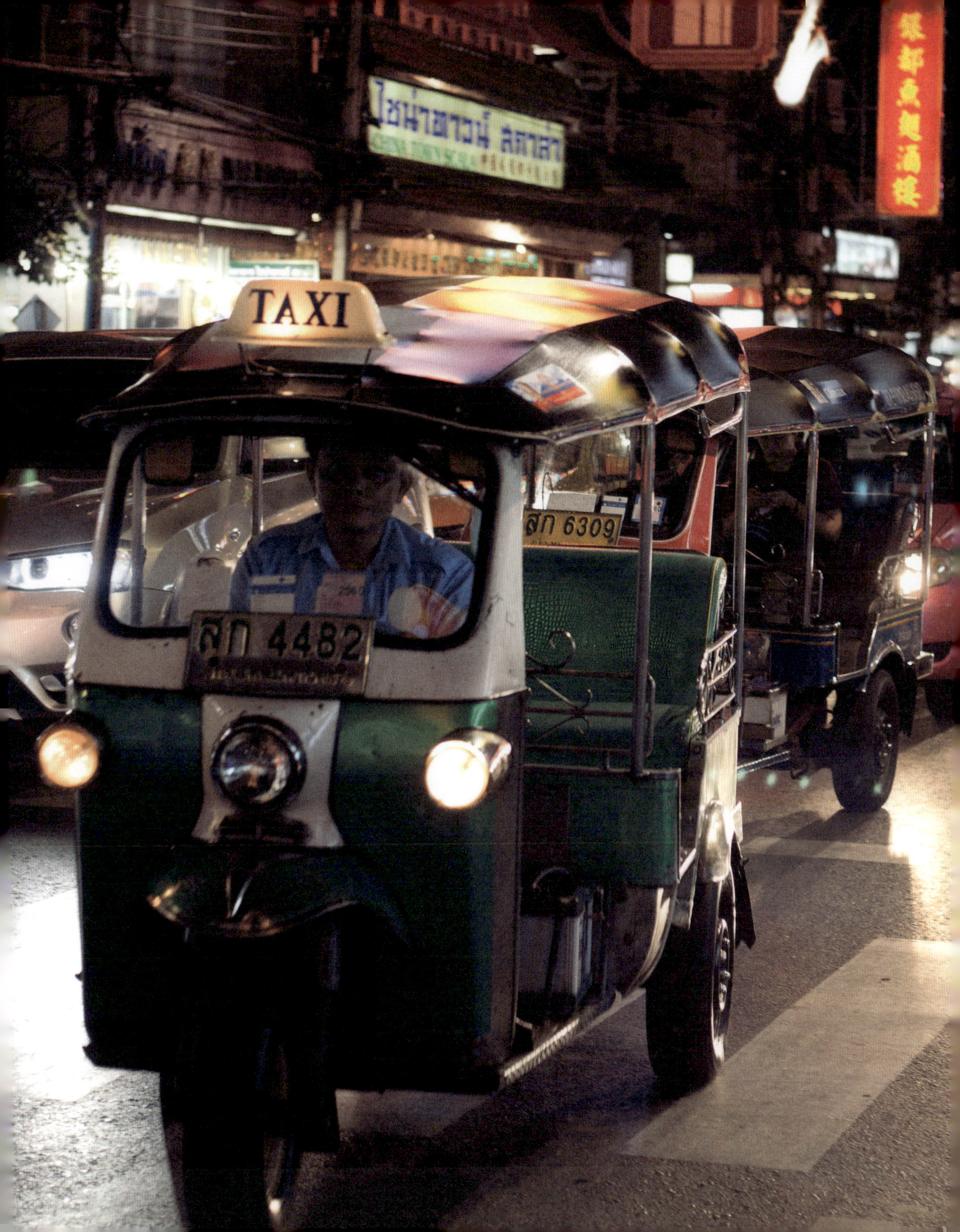
ไชน่าทาวน์ สกาลา
TAXI
สก 6309
สก 4482

NA SEQUÊNCIA, UMA BREVE RESENHA DE ALGUNS *MUST EAT* DA INTERMINÁVEL OFERTA DE COMIDA EM CHINATOWN. LEMBRANDO SEMPRE QUE: 1. A TÔNICA DESSES LOCAIS É A SIMPLICIDADE; E 2. NEM SEMPRE O ATENDIMENTO SERÁ EM INGLÊS (O QUE NÃO CHEGA A SER UM PROBLEMA).

LEK & RUT SEAFOOD

Desde a primeira visita à Tailândia, esta imensa e disputada barraca-restaurante (há um espaço interno) logo no começo da Yoawarat Road virou minha favorita – é identificável pela camiseta vermelho-sangue das dezenas de funcionários (que até presentearam este escriba com uma!). Impresso em thai e inglês em folhas de papel rotas e plastificadas, o cardápio inclui infindáveis opções de peixes e frutos do mar. Na dúvida, peça auxílio aos atendentes – por mímica. Funciona. E a comida é maravilhosa.

T&K SEAFOOD

Vizinhos da Lek & Rut na Yoawarat Road, usam camisetas verdes. O cardápio é quase idêntico ao do concorrente, e o curry verde com frutos do mar é "matador". Outro local que atrai multidões.

GUAYTHIEV LOD

Serve um magnífico *Stuffed flat noodles*. Adorado pelos tailandeses sob o apelido de "massa gorda" (por conta da largura), esses *noodles* de arroz vêm com carne de porco picada e temperada, camarões, broto de feijão e shiitake, sob um dilúvio de molho de soja.

NAI JUI

Nunca é demais lembrar que poucas coisas são melhores que carne de porco *crispy* (pururucada), gentil e finamente fatiada, servida com (muito) arroz pegajoso e molho *Nam prick*. O preço: entre $ 30 e $ 50 *bahts* (três a cinco reais, em conversão direta).

THAN NGI HWOOD

Local muito disputado por ser dos raros a servir um caldo de arroz de pato – uma caldosa sopa da ave.

CHUJIT

Em tardes/noites mais concorridas, é preciso pegar senha e aguardar na fila para o tão sonhado doce que é a especialidade do carrinho: *Bua loy nam khing*, delicados bolinhos de massa recheados com pasta de gergelim, imersos ao caldo de chá de gengibre. Quente ou gelado.

Ainda na lista de comidas imperdíveis em Chinatown, figuram heróis "anônimos", sem nome nem endereços fixos mais identificáveis – alguns são ambulantes –, mas que valem o garimpo:

• Fique de olho nos vendedores de *Fish cake*, o onipresente e delicioso bolinho de peixe frito (tailandeses os compram para fritar em casa).

• Idem para a irresistível *Coconut pancake* (panqueca de coco), pequeno bocado de coco em ponto de cremosidade, envolto em massa finíssima.

• Carrinhos com o *Mushroom satay*, esplêndidos espetinhos de cogumelos, envoltos em fina fatia de bacon, grelhados após uma borrifada de molho *Nam prick* e salpicados de molho chili suave – um *must*!

• Na esquina da Yoawarat Road com a Rua 44 fica um dos melhores *Mango sticky rice* de Chinatown, tocado há 50 anos pela mesma família ("o melhor da cidade", afirmam eles).

• Ainda na Rua 44, o mais disputado *Pork barbecue stick* do pedaço: espeto de carne de porco apimentada e assada na brasa. Tenro e sequinho, como manda o figurino.

• Pato, pato e mais pato: pendurados em barracas, nas vitrines de restaurantes, assados, cozidos, defumados – a ave é onipresente. Resista se puder.

PATO LAQUEADO À PEQUIM

Programe-se: favorito das datas festivas de famílias sino-tailandesas, a lendária receita, outra das grandes heranças da imigração chinesa, é a principal atração de um sem-número de restaurantes em Chinatown. Vale tentar reservar na agenda um jantar dedicado exclusivamente a ele. A preços surpreendentemente módicos.

• Porções baratíssimas de enormes e tentadores camarões rubros, ardendo no grill.

• Barracas e carrinhos de *Sticky rice* com frango frito ou assado ao molho *Nam prick*, servido com sopa de frango picante.

• *Thai oyster and shellfish omelet*: amarelíssima e memorável adaptação do omelete de ostras do Norte do país (*Hoy tod*), aqui, em versão que leva igualmente mariscos – omelete de frutos do mar à tailandesa. Bem picante, *bien sur*.

• Algumas das maiores filas de Chinatown ficam na área dedicada às sobremesas chinesas, mais ou menos na metade da Yoawarat Road, sobre a calçada – há barracas em que um funcionário com um megafone tenta organizar a horda, tamanha a procura (só de tailandeses) pelas guloseimas. Mas "torturas" como o doce de flor de lótus, cozido em sua própria calda e servido quente ou gelado, valem o perrengue.

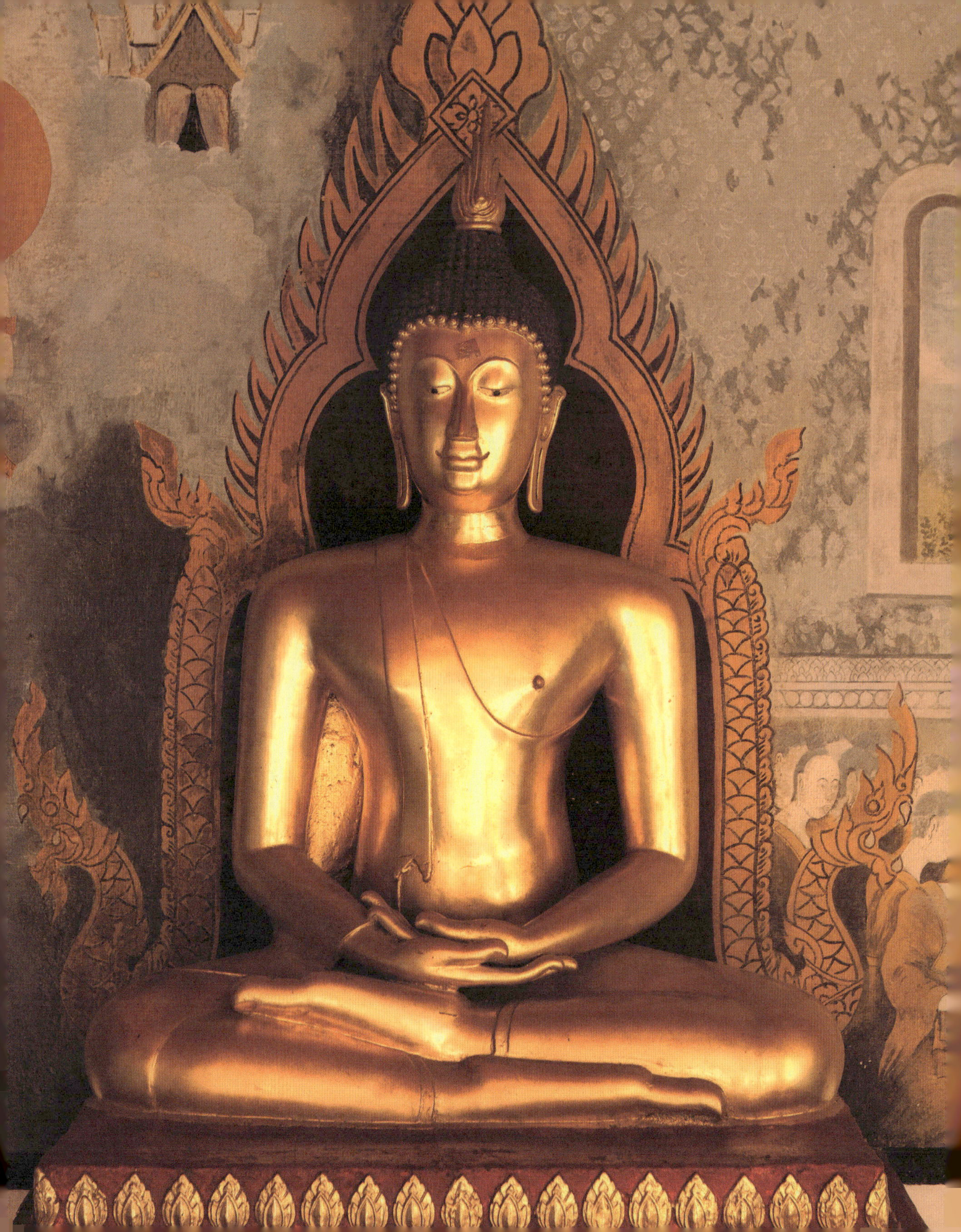

Um capítulo
à parte
na Tailândia

CHIANG MAI, CHIANG RAI E O UNIVERSO LANNA

A ebulição urbanoide de Bangkok fascina. Mas é ótimo ter de volta a proximidade com a natureza, em contraste com toda a agitação *non stop* da metrópole. E é esse um dos ingredientes da charmosa Chiang Mai. Localizada ao Norte, aos pés das montanhas Doi Suthep, cortada pelo Rio Mae Ping, é o quarto maior município do país, com cerca de 200 mil habitantes.

Porta de entrada de *Lanna* (como no passado foi conhecido o Norte tailandês), Chiang Mai tem alma de cidade interiorana. Melhor ainda: de cidade litorânea no interior, paradoxo incluído, já que a impressão de que "a praia é logo ali" acompanha-nos a todo instante, tamanha sua tranquilidade e o perfil "descolado" das legiões de visitantes que a procuram justamente por conta disso, entre outros predicados. O que não significa ausência de um cotidiano repleto de atrações e de uma vida noturna frenética.

Por conta das dimensões menores, aqui é muito mais fácil notar a espantosa quantidade de visitantes estrangeiros, em comparação a BKK. E se a oferta de comida de rua na capital já é avassaladora, em Chiang Mai isso se amplifica: praticamente não há rua ou avenida sem ao menos um polo de gastronomia com dezenas de opções.

Além disso, com a intensa vida noturna, proliferam, os *night markets*, feiras noturnas que funcionam do início da tarde à meia-noite, e onde se acha de estúdios de tatuagem a muita arte e artesanatos, a ótimos preços e com um show de criatividade quando se trata de referências estéticas do Norte tailandês. E, claro, rios de comida.

Entretanto é aos finais de semana que a coisa literalmente "ferve". No sábado, a vez é do *Night Bazaar*. Os domingos são reservados ao *Sunday Market*, ou *Walking Street*, o maior e mais complexo de Chiang Mai, realizado no centro histórico da cidade. Arme-se bem: o programa geralmente leva horas, tal a oferta do que ver, comer e comprar.

Ao atravessar o imponente portal Tha Phae e a célebre muralha de pedra da Cidade Velha, começa o (no bom sentido) frenesi: Ratchadamnoen Road abaixo, quilômetros de barracas comprimem-se lado a lado, vendendo de tudo – no asfalto. Ao redor, nas calçadas, muitos restaurantes e lojas, procurados por quem prefere não enfrentar a multidão.

Ao longo do percurso, à esquerda e à direita, suntuosos templos budistas abrem suas áreas externas e desafogam um pouco a rua principal, enquanto de dentro vem o som dos monges em oração – um único templo abriga, em média, umas 50 barracas (de roupas, comidas etc).

Nas ruelas transversais, becos escondem maravilhas como a pequena barraca cujo único item são divinas costelinhas de porco grelhadas ao sabor de *Nam prick*; escondem também charmosas pousadas com praticamente 100% de ocupação por parte de uma juventude "gringa", que empresta a Chaing Mai um clima de Maresias (SP) ou Búzios (RJ).

E já que grande parte dos visitantes vem à cidade por conta da culinária, a visita ao tradicional Warorot Market é essencial. Instalado às margens do Rio Mae Ping, é o mercado mais antigo de Chiang Mai e onde os moradores se abastecem. Prepare-se para muitos *snacks* providenciados pelos vendedores, incluindo na lista *Cab moo*, pele suína frita. Soou familiar? Sim, é o "nosso" torresmo, em versão thai, frito às toneladas diariamente, nas barracas do Warorot a ele dedicadas.

À noite, a área externa do mercado também se transforma em um grande *night market*, um dos mais bem ranqueados da cidade. Oportunidade ideal para não deixar Chiang Mai sem provar clássicos thai ou receitas nem sempre encontradas em outras regiões:

COMIDAS TÍPICAS DE LANNA

KHAO SOI EGG NOODLES

Influência do vizinho Myanmar (outrora, Birmânia), o clássico *Khao soi* ao estilo do Norte é um dos pratos mais conhecidos e concorridos: curry vermelho com *noodles* de ovos de duas diferentes texturas (cozido e frito). Imperdível.

THAI OYSTER OMELET (HOY TOD)

O que omelete tem a ver com ostras? Tudo. O resultado do encontro é saboroso, rico, crocante. Cairia bem no café da manhã, mas o hábito do Norte indica-o como *snack* vespertino (ou eventualmente como jantar, na companhia de arroz pegajoso).

SAI UA, A "SALSICHA DO NORTE"

A já mencionada *Sai ua* vicia. Fusão de cortes suínos com *chilies*, capim-limão, gengibre e outras especiarias, tem sabor marcante. Altamente *spicy*, por motivos óbvios é bom evitar comê-la enquanto está quente. Incita o desejo de levar quilos e quilos para casa na mala.

OOK KHAI PAAM

Admirável tortinha doce de ovo, assada na brasa e servida em folhas de bananeira – tente comer uma só!

MERCADO WAROROT
Às margens do rio
Mae Ping, é o maior
de Chiang Mai, ponto
turístico da cidade.

SANGUE SUÍNO E A *COWBOY LADY*

Fora dos circuitos dos *night markets*, algumas comidas de rua de Chiang Mai são referências internacionais e têm fãs em vários países.

Há 15 anos, a senhora Pa Daeng e sua simpática família servem receitas que ela aprendeu com a mãe e que suas avós e bisavós já faziam. Com caçarolas à mostra, o restaurante-barraca fica numa das avenidas mais movimentadas da cidade. A dica de que lá algo de especial acontece são os enormes carrões de luxo estacionados em frente a um lugar tão simples.

À entrada, um grill doura lindamente pequenas porções de carne que, a seguir, são acrescidas de arroz pegajoso e colocadas em folhas de bananeiras, já prontas para o freguês. O dourado-alaranjado final do quitute é tão bonito que eu já ia sacando o dinheiro para pagar quando o guia me cutucou: "Isto aqui é intestino de porco. O outro é cérebro de porco". Declinei e fui conferir outros pratos. Mesmo sabendo que talvez não encarasse o carro-chefe da casa.

Lou é uma das comidas mais disputadas pela clientela: sopa de sangue de porco. Sangue fresco. Cru. Com miúdos fritos do bicho. Confesso que estava propenso a provar quando, ao comentar a intenção no hotel, fui advertido sobre casos pontuais de morte e cegueira originários de seu consumo. Poucos, mas reais. Mais: mesmo sendo um prato típico da região, aprendi que é apreciado por não mais que cerca de 30% da população nortista (o que já é gente à beça), geralmente moradores de áreas rurais. Mas minha confiança contra possíveis bactérias vinha de haver sido informado pelas mesmas fontes que, poucos anos antes, o célebre chef-escritor ianque Anthony Bourdain esbaldara-se aqui, ao gravar um programa televisivo. E ele estava vivo e continuava a enxergar (desafortunadamente, Bourdain suicidou-se, no início de 2018).

Servido frio (se for ao fogo, o "molho" escurece e perde sabor), o *Lou* leva ainda curry, broto de bambu e outros acompanhamentos. Na aparência, é um gaspacho um tantinho mais denso. O preço: $ 50 *bahts*, em torno de cinco reais.

Pedi um, dei duas colheradas e passei para o guia arrematar. O grau de picância é elevado, o que não chega a ser novidade. No aroma e no paladar, um quê meio esquisi-

TROUXINHA DE SANGUE
DE PORCO E ARROZ

to, indefinido. Claro, a presença de outros componentes, pimentas etc., reconfiguram a matéria-prima original. Mas, assim como os insetos, não é experiência para qualquer um (leia-se, ocidentais). Talvez eu mesmo não a repita. Só me arrependi de não haver encarado os miúdos grelhados de entrada.

Como todos os pontos de comida de rua da Tailândia, a barraca da senhora Pa Daeng exercita a democracia, com operários e trabalhadores braçais comendo lado a lado com bacanas de camisa social e relógios caros nos pulsos (os donos dos carrões) – alguns param ali para levar comida para casa. Diariamente, o restaurante serve cerca de 400 refeições. O "trivial tailandês" da casa também é bem bom. Destaque para o excelente *Pad thai*.

Não muito longe dali, em frente às históricas ruínas do ancestral Portal do Norte de Chiang Mai, fica a Chang Phueak, famosa *street food* que, a partir das cinco da tarde, vira um corredor de *food stalls*, barracas de comida.

Ao menos uma delas, *Khao kha moo Chang Phueak*, é visita imperativa. O local leva o nome da rua conjugado ao do único prato da casa, pelo qual é conhecido: perna de porco cozida (*Khao kha moo*).

A pequena barraca é o palco da proprietária-celebridade, uma lenda da cidade que não curte muito informar o verdadeiro nome, mas é conhecida como *Cowboy Lady*.

Craque de cozinha, a moça é também boa de marketing: maquiagem pesada no calor do meio da tarde, modelitos justíssimos (não raro, vestidos de lamê, dourados ou prateados) e o indefectível chapéu de caubói, assessórios que lhe garantem imensa popularidade.

Mas o que fala mais alto é seu *tour de force*: perna de porco longamente cozida (sete a oito horas), finamente fatiada (com ou sem a pele, ao gosto do freguês) sobre generosa porção de *sticky rice*, ladeada por ovo cozido e regada a molho de vinagre sem muita picância – um aula de simplicidade e intuição culinária. A receita, ela revela, foi criada há 40 anos por seu pai. Todas as noites, filas e filas de carros causam um semicaos no entorno, enquanto a jovem equipe, treinada para falar até chinês, desdobra-se no atendimento. *Cowboy Lady* afirma vender mais de mil porções por dia, a preços entre... três e cinco reais!, de acordo com o tamanho do prato.

Culinária à parte, nenhuma outra província na Tailândia tem tantos templos como Chiang Mai. Entre os mais de 300 *wats* budistas datando do período entre os séculos XIII e XVIII, alguns ganham destaque. O transcendentalmente belo Wat Chedi Luang fica dentro das muralhas da Cidade Velha, no centro da área urbana, a curta distância da maioria dos hotéis. Impossível não reverenciar a magnitude do complexo.

"Quem não provou *Khao soi* e não viu a vista do alto do templo Wat Doi Suthep, não esteve em Chiang Mai", reza o dito popular. Localizado no alto das montanhas que lhe emprestam o nome e meio que, "abraçando" a cidade a seus pés, o templo de 600 anos é o mais famoso e o mais visitado, por conta da beleza e do misticismo de suas torres e edificações, brilhantes em ouro puro. Em 1981, toda a área de seu entorno foi declarada parque nacional, o 24.º da Tailândia. Antes de iniciar a visita, é incrível a experiência de, logo cedo, oferecer comida aos monges que iniciam seu cotidiano monástico.

CHIANG RAI E O GOLDEN TRIANGLE

A cerca de 190 quilômetros de Chiang Mai, a bucólica Chiang Rai é um encantador bolsão da cultura do Norte tailandês em território montanhoso. Praticamente fora dos circuitos turísticos mais populares, tem atmosfera acolhedora e povo simples e de traços ligeiramente diferentes, fruto do caldeirão multiétnico (tribal, inclusive) que marca a região.

Os mercados diurnos são pequenos, sem a exuberância dos mercados das metrópoles thai – mas configuram uma boa oportunidade de convívio com o cotidiano local. E se em Roma faz-se como os romanos, em Chiang Rai os caminhos apontam para os piqueniques às margens do lendário Rio Mekhong, que atravessa a cidade.

Todas as tardes, no calçadão que margeia o rio, formam-se incontáveis grupos

O MEKONG POR TESTEMUNHA
Em Chiang Rai, todas as tardes e noites, a população local janta e se confraterniza no calçadão que margeia o lendário rio.

– amigos, estudantes saídos das aulas, colegas de trabalho, famílias inteiras –, que confraternizam animadamente em torno de muita comida.

Toalhas são estendidas no chão. Alguns trazem banquinhos, boa parte senta-se de pernas cruzadas. Muitos fazem ali o seu jantar. Nada de algazarra: tanto as conversas como a música, tudo bem baixinho. Bebe-se cerveja com discrição. A comida é comprada ali mesmo, de carrinhos ou barracas, enfileirados paralelamente ao calçadão. No cardápio, curiosidades com inclinação tipicamente local, caso do *mix* de arroz pegajoso e peixe fermentado, acondicionado em uma espécie de embornal de couro, para manter a temperatura – é comprar e servir-se. Bom, muito bom.

Chiang Rai é também a porta de acesso ao *Golden Triangle* ("Triângulo Dourado"), como é conhecida a tríplice fronteira entre Tailândia, Laos e Myanmar. Um dos atrativos mais procurados por visitantes é a rápida travessia de barco até o Laos, para compras e para admirar excentricidades como escorpiões e cobras em garrafas de bebidas (não é necessário visto de entrada).

Outro grande atrativo turístico diz respeito ao animal-símbolo tailandês: o elefante. Secularmente ligado à história agrícola do país, o culto ao animal enquanto força de trabalho em campos e lavouras enfrenta o desafio dos novos tempos. O que fazer com a massa de animais que já não é mais aproveitada? Pensando nisso, a multinacional Minor Group criou em Chiang Rai um projeto turístico de importante viés social: o Anantara Golden Triangle Elephant Camp & Resort.

Mais do que denominar o majestoso hotel homônimo, do qual o programa é vizinho, o projeto desenvolvido em conjunto com a ONG Golden Triangle Asian Elephant Foundation contempla o amparo aos chamados *street elephants* ("elefantes de rua"), animais abandonados e/ou maltratados pela falta de cuidados, um (literalmente) grande problema em áreas rurais. Por todo o país, animais são resgatados e para lá enviados. Paralelamente, foi criada uma autêntica vila de *mahouts*, onde dezenas desses profissionais tratadores de elefantes, que já não encontravam trabalho, conseguiram emprego para cuidar da manada. E moradia para as respectivas famílias.

Hóspedes do Anantara Golden Triangle Elephant Camp & Resort têm a oportunidade única de vivenciar um pouco dessa realidade através do *Mahout Experience*, programa que inclui *treckings* com elefantes e *mahouts*, e até mesmo a chance de banhar os dóceis animais. Não é apenas entretenimento: o projeto tem feito bastante pelos bichos.

Prova é que muitos deles são as estrelas do *King's Cup Elephant Polo*, evento anual realizado em Bangkok, no hotel Anantara Riverside Bangkok Resort. Meio de brincadeira, os jogadores montam os animais para um torneio-exibição de polo. De largo apelo midiático, o evento é patrocinado por gigantes de calibre como IBM, Ferrari e Citibank. O valor arrecadado destina-se ao amparo e resgate de elefantes ainda em situação de risco.

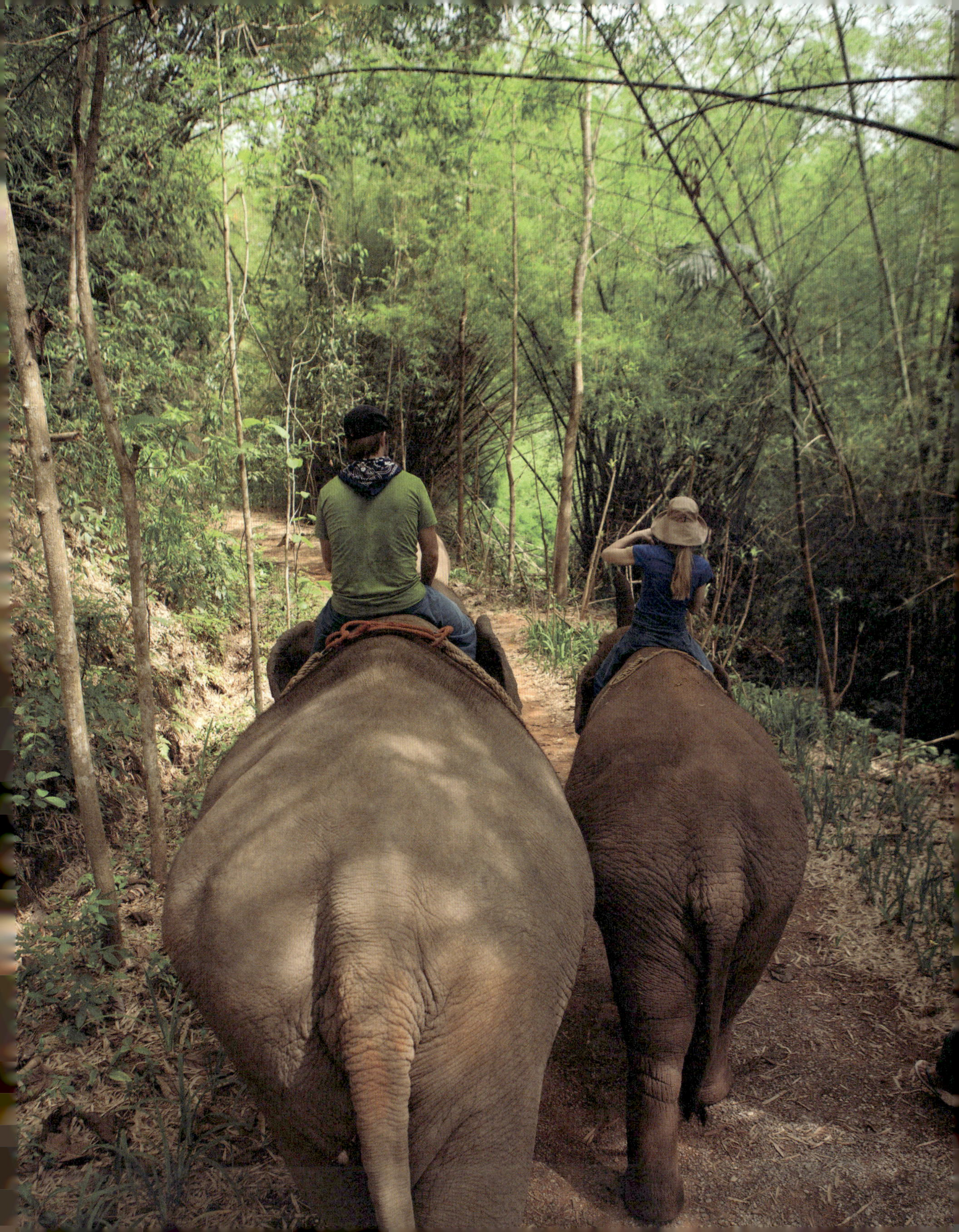

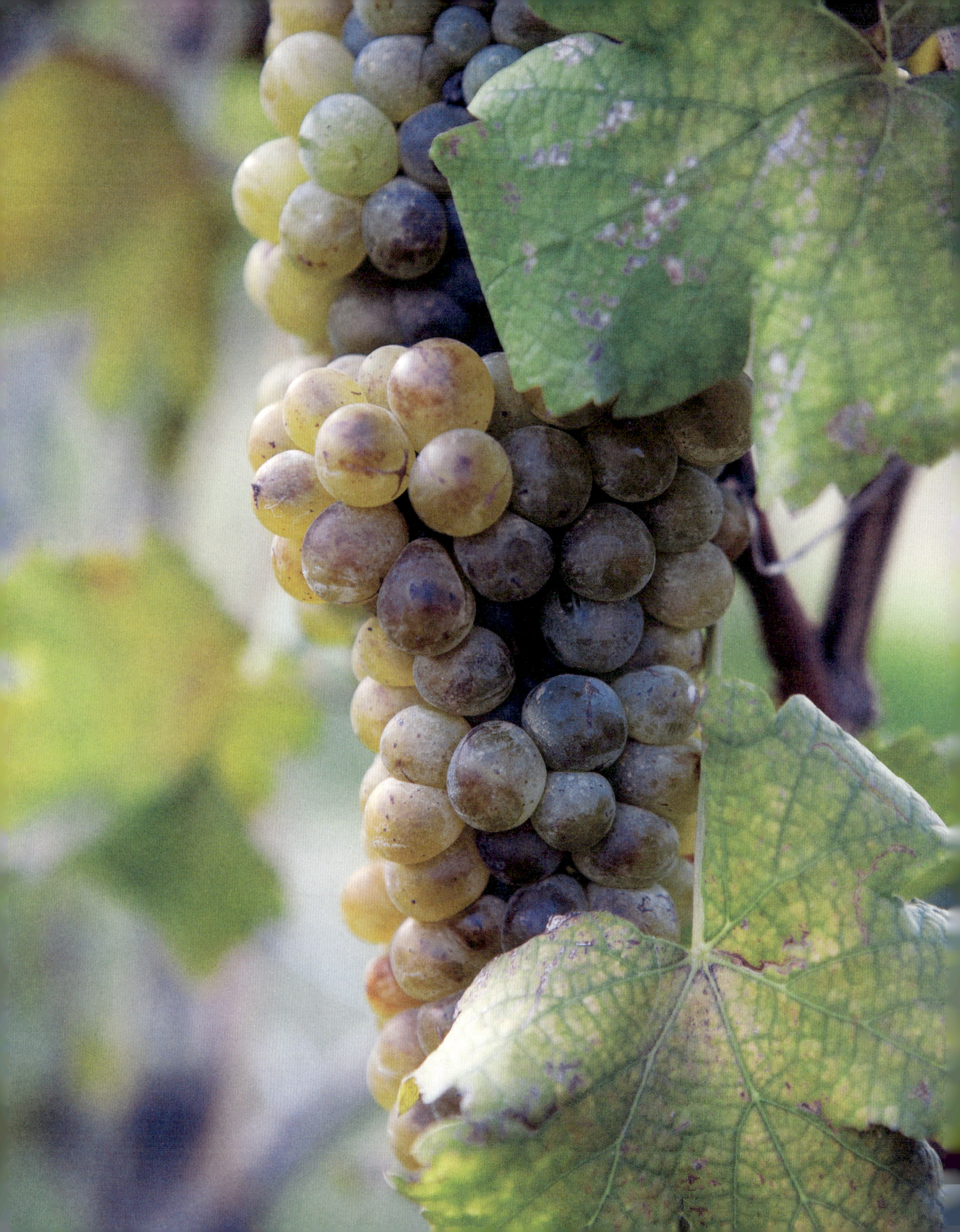

Entre copos e taças

BARES

Frente ao crescente prestígio da coquetelaria no mundo todo, cabe a pergunta: ela existe, na Tailândia? Sim e não. Em que pese hospedar uma edição local do grifado evento de mixologia Diageo World Class, a maior competição de *bartenders* do mundo, a conservadora coquetelaria dos *barmen* tailandeses firma-se basicamente em três assinaturas: 1. o uso recorrente de frutas; 2. coquetéis leves, como pede o calorão onipresente o ano todo; 3. salvo algumas exceções, o raro emprego de destilados nacionais que já vimos (Mekhong, Hong Thong etc.).

Ainda assim, evitadas as desproporcionais comparações com a mixologia, digamos, "ocidental", é possível saborear uma coquetelaria divertida em Bangkok (e apenas em BKK). E nesse sentido, não dá para perder os *rooftop bars*, ou *sky bars* – bares localizados em terraços de arranha-céus que são a "alma" da diversão noturna na capital tailandesa. Provavelmente nenhuma outra metrópole rivaliza com BKK nesse quesito. E o melhor: na maioria desses descolados endereços nas alturas, os preços cabem em todos os bolsos.

ATTITUDE BAR

Localizado no 26.º andar do hotel Avani, oferece visão privilegiada do Rio Chao Phraya. É o palco dos moderninhos da cidade e de festas de tribos pra lá de descoladas. O cardápio de comidas privilegia *snacks*, que são a melhor companhia para os dois coquetéis-assinatura da casa: Blue Gin (gim, Curaçao blue, tônica, suco de limão) e o defumado The Last Drink of Al Capone (vodca de pera, Aperol, tônica, defumação em fumaça no copo).

VERTIGO / MOON BAR / LATITUDE BAR

Badalado complexo de três bares em um único endereço, a quase 200 metros de altura, no 58.º andar do conhecido edifício Banyan Tree, na avenida South Sathon Road, famosa por hospedar grande parte das embaixadas estrangeiras de BKK – daí o complexo ser um dos eleitos pelos "gringos".

Os cardápios dos três bares são distintos. A noite perfeita pode começar com coquetéis no Moon Bar (os melhores: Vertigo Sunset; The Haole; Thai Sabai); prossegue alguns metros abaixo, no Vertigo, no jantar de cozinha internacional com entradas e principais irretocáveis; e termina um andar abaixo, agora no elegante *lounge* do Latitude Bar, ao som de jazz ao vivo e ao sabor de equilibrados Dry Martinis.

ZOOM SKY BAR

Não ser tão badalado quanto os demais é um dos trunfos do ótimo bar instalado no 40.º andar do hotel Anantara Sathorn. Por estar em bairro "no meio" de Bangkok, oferece vista até mais privilegiada do *skyline* do que os rivais. Música *lounge* agradável (há um DJ residente), drinques de ótimo custo-benefício e serviço caprichoso: volta e meia, o chef Adtavorn Charoonpontithi (ou chef Gibb), titular da cozinha com grande experiência internacional, vem em pessoa ajudar o cliente com os pedidos. O Ceviche de atum à moda thai, e o *Beef tenderloin* (wagyu grelhado com purê de trufas e redução de vinho merlot) pedem bis.

RED SKY ROOFTOP BAR

Um ícone da cidade, localizado no topo do centro de compras e hotel Centara Grand, um dos mais concorridos de Bangkok. Complexo de entretenimento altamente glamoroso, o Red Sky agrega vários bares e restaurantes em um mesmo local, ao som de trilha sonora perfeita (jazz, trip hop, soul). No ponto mais alto, o exclusivo *lounge* do champanhe Mumm dá as boas vindas, antes dos coquetéis do *barman* Buncha: Chamboard Whisper (licor Chamboard, licor de sabugueiro, champanhe, geleia de framboesa, mirtilo); Bangkok Bellini (vodca de mandarim, purê de manga, melado de baunilha, champanhe, gengibre). A cozinha à europeia da casa é desafio aos sentidos: quando vem à mesa, o *Surf'n'Turf* harmoniza, nas mesmas garfadas, frutos do mar e um pato de memorável cocção. Sobreviventes do banquete podem tentar ainda, alguns degraus abaixo, o espanhol Uno Mas Spanish & Tapas Restaurant – com um pouco de sorte, o chef catalão Joan Tanya, radicado em Bangkok, apresentará ele mesmo seu *Spanish Cechinillo*, um saboroso leitãozinho ao forno, de carne tenra e pele pururuca.

SIROCCO

Outro mito da noite de Bangkok. Por conta disso, é bom fazer reserva ou chegar cedo, já que o fluxo de clientes é *non stop*, atraído não apenas pela espetacular visão de 360º da cidade, mas pela referência hollywoodiana de cenas do filme "Se Beber, Não Case 2", filmadas aqui. Ao som de música ao vivo todas as noites, a boa pedida é o coquetel Hangovertini, à base de Bourbon, Martini rosso e xarope de framboesa.

NO ALTO
Verdadeira instituição na cidade, os sky bars, no alto dos edifícios, abrigam a vida noturna de Bangkok.

ALFRESCO 64

Autodenominado "o mais alto whisky bar do mundo", o Alfresco 64, no 64.º andar do imponente edifício Tower Club, é casa-bandeira da grife escocesa Chivas, em iniciativa da gigante de bebidas Pernod Ricard, proprietária da marca. Em paralelo à luxuosa arquitetura assemelhando-se a um grande iate, tudo, do gelo aos copos, foi pensado para privilegiar ao máximo a sutileza dos aromas e sabores da bebida. Além de listar algumas das mais famosas garrafas-assinatura de Chivas, a carta tem ainda o mérito de incluir outros grandes *whiskies premium*.

BAMBOO BAR

Inaugurado em 1953, é rito de passagem obrigatório para quem deseja apreciar coquetelaria de excelência em Bangkok. Instalado no hotel Mandarin Oriental, hospeda frequentemente o alto clero político-empresarial tailandês, sem que isso signifique preços exorbitantes. O ambiente sofisticado, com muito couro e madeira na decoração, agrega valor a uma rigorosa carta de drinques: assinatura da casa, o coquetel Shooting Star leva gim com infusão de goiaba feita no próprio bar, melado de vinho branco (idem) e suco de limão.

ELEPHANT BAR

Possivelmente o mais aconchegante endereço para drinques pré-jantar da cidade, o bar do hotel Anantara Riverside Bangkok Resort tem aura de *gentleman's club* britânico e talvez a mais ampla carta de *whiskies* de toda BKK. Evite o imprevisível trânsito *bangkokian*: às margens do Rio Chao Phraya, bar e hotel são facilmente acessíveis através do transporte fluvial.

EKAMAI BEER HOUSE

A cinco minutos a pé da estação de metrô de mesmo nome, é talvez a melhor experiência cervejeira de Bangkok voltada essencialmente ao público local – as dezesseis torneiras de chopp são o passaporte para uma volta ao mundo por meio de inspirada seleção de cervejas. Espere música alta, a juventude *bangkokian* e criativos sanduíches de inspiração thai.

Dividido em três "sessões", o Moon Bar é um dos favoritos entre os turistas de passagem por Bangkok.

DAMA DO VINHO
Enóloga formada na Austrália, a simpática Nikki Lohitnavy cuida dos rótulos da premiada Vinícola GranMonte.

O SURPREENDENTE VINHO TAILANDÊS

Uma das mais gratas das muitas surpresas que a Tailândia revela é descobrir que, sim, existe vida vinícola em um país onde as altíssimas temperaturas ao longo de 365 dias ao ano em princípio poderiam inibir quaisquer projetos vitivinicultores. Ao contrário: com esforço, dedicação e metodologia, produtores locais superam as barreiras climáticas ao produzir rótulos promissores e elogiáveis.

VINÍCOLA GRANMONTE

A vinícola GranMonte, a mais celebrada do país, ostenta mais de cem premiações, ao longo dos anos. Localizada no Asoke Valley, região adjacente ao belíssimo Khao Yai National Park (o primeiro parque nacional tailandês, estabelecido em 1962), a 160 quilômetros da capital, a vinícola é cercada por uma cadeia de montanhas e beneficiada por microclima mais ameno, fruto dos 350 metros acima do nível do mar. Sua produção abriga alguns dos melhores rótulos engarrafados no país, notadamente a partir das castas Syrah, Cabernet Sauvignon, Chenin Blanc, Viognier, Semillon, Verdejo, Durif e Grenache.

Propriedade da família Lohitnavy, o *terroir* de 40 acres foi adquirido em 1999. A produção começaria dois anos depois, por meio do empreendedorismo visionário do empresário (e CEO) Visooth Lohitnavy, ao lado da esposa Sakuna, a presidente em exercício. Sob a supervisão do simpático casal enófilo, atualmente as filhas Mimi e Nikki, de, respectivamente, 28 e 30 anos, comandam os negócios. Enquanto Mimi centra-se no administrativo, Nikki, enóloga de formação (na Austrália, a única *winemaker* mulher na Tailândia), é responsável pelo atual portfólio de quinze rótulos da GranMonte – hoje a empresa engarrafa entre 70 e 80 mil unidades ao ano, com graus de envelhecimento que variam entre oito e dezoito meses. Boa parte da produção é exportada para Japão, Austrália, Alemanha e Suíça. As cerejas do bolo são o Spring Chenin Blanc, o Asoke Cabernet Sauvignon, o GranMonte Verdejo e o brilhante The Orient Syrah.

Além dos bons vinhos, não há como não experimentar um gostinho de Provence, es-

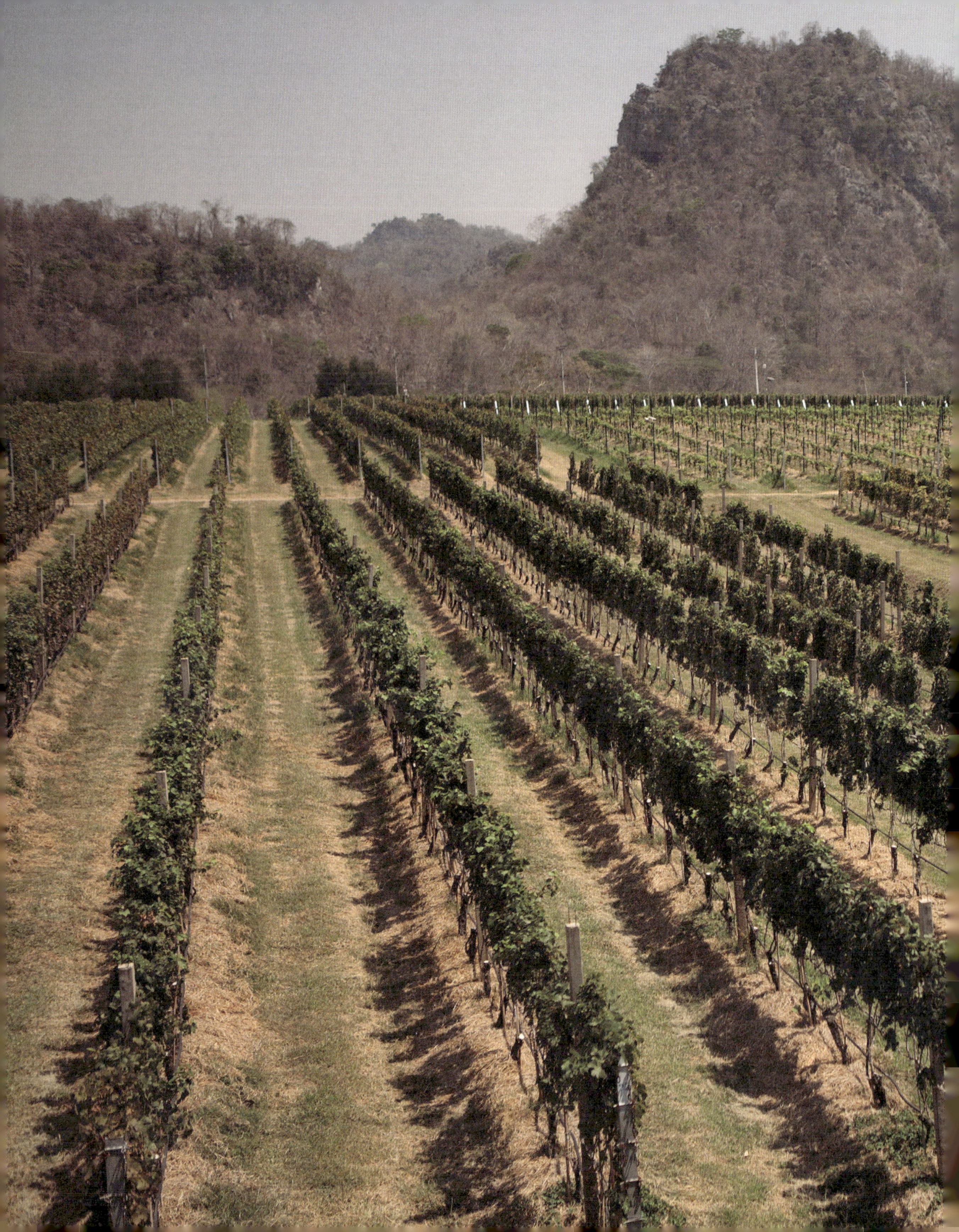

VINÍCOLA GRANMONTE
A partir do terroir no Asoke Valley, é a mais premiada vinícola thai, com produção anual de perto de 80 mil litros.

tando-se em GranMonte: de frente a uma paisagem arrebatadora, a propriedade abriga uma pequena e charmosa pousada, apenas sete quartos irresistivelmente acolhedores. De quebra, o hóspede tem direito a bicicletas "vintage" para pedalar em meio aos vinhedos – é muito fácil sentir-se "parte do local".

À medida que a pousada começou a receber visitantes, a senhora Sakuna Lohitnavy abriu seu caderno de receitas e com ele compôs o cardápio do restaurante VinCotto. Cozinha esmerada, brilhante, servida em idílico ambiente campestre, por uma brigada simples e dedicada. O menu, que harmoniza os rótulos da casa às receitas do Norte/Nordeste do país, reserva ao menos um clássico imperdível: o *Kai krata*, fritada de ovos com camarões e carne de porco picada, servida com torradas ao alho – a palavra *krata* (pronuncia-se "cratá") significa "panela", daí a iguaria vir à mesa dentro de simpáticas caçarolas. Uma iguaria inesquecível.

VINÍCOLA MONSOON VALLEY

Distante cerca de uma hora das belas praias de Hua Hin, balneário a 200 quilômetros de Bangkok, a vinícola Hua Hin Hills ("colinas de Hua Hin") recentemente trocou o nome para Monsoon Valley Vineyards. Situa-se em uma magnífica área de 125 hectares na província de Prachuab Kiri Khan, aos pés das imponentes montanhas Ban Kock Chang – onde, comentam colaboradores da empresa, é bem possível topar-se com elefantes selvagens à solta (mas que não chegam a ser ameaça aos vinhedos). Os 150 metros acima do nível do mar da região ajudam a explicar o diminuto efeito das altas temperaturas tailandesas na qualidade do *terroir* e nos bons rótulos lá produzidos.

Vinhos expressivos, excelente estrutura receptiva (que inclui um *tour* ao melhor estilo safari, passeios com elefantes e restaurante de cozinha notável com jazz ao vivo) e a bela paisagem descortinando os vinhedos ajudam a explicar o impressionante fluxo de visitantes estrangeiros, chineses, em sua maioria – aos finais de semana, esse número chega à casa do milhar.

Parte da multinacional Siam Winery (proprietária de 51% da grife Red Bull), Monsoon Valley é a maior vinícola do sudeste asiático. A colheita acontece entre março e abril, sendo que, por motivos logísticos, a vinificação em si é feita em Samut Sakhon, nas cercanias de Bangkok. Cerca de 70% da produção é exportada, sendo que 50% desse total tem como destino o Reino Unido – os 20% restantes desembarcam em outros países asiáticos. "Nossos carros-chefes são o espumante Brut Blanc de Blanc, o branco Colombard, o Shiraz Rosé e o Chenin Blanc Premium", afirma a simpática Chiraphan Permsuwan, gerente da vinícola. "Mas nosso campeão de vendas ainda é o clássico Shiraz, que foi o primeiro rótulo criado", esclarece. O portfólio contempla ainda outros espumantes e até vinhos de sobremesa. Prestes a inaugurar mais uma vinícola na região, Monsoon Valley pratica atualmente estudos de viabilidade envolvendo castas de uvas 100% tailandesas.

MONSOON VALLEY VINEYARDS:
Bons brancos e espumantes,
elefantes no terroir e milhares
de visitantes por mês.

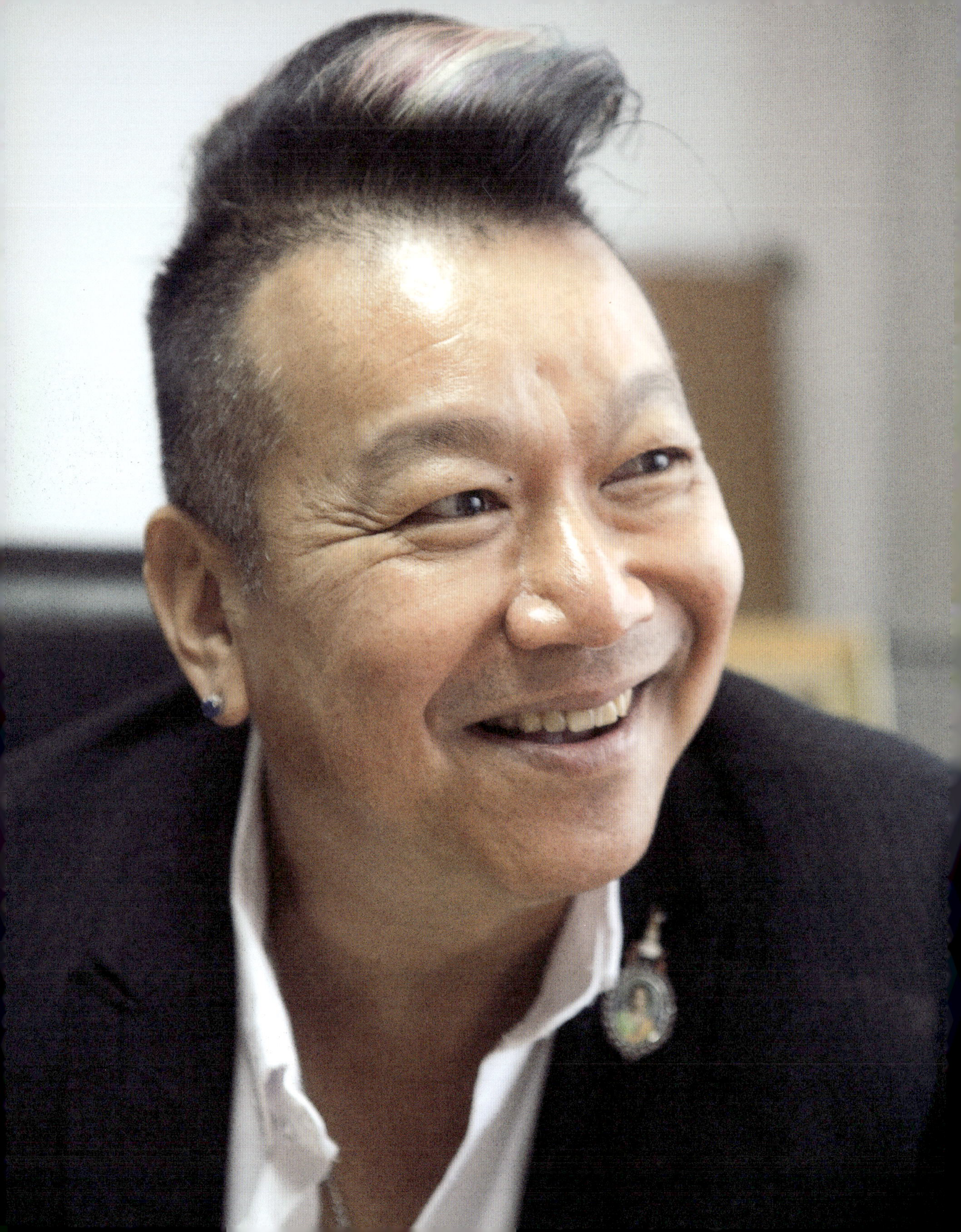

Pessoas

O DÂNDI DA COZINHA THAI

DESCENDENTE DA FAMÍLIA REAL, CHEF MCDANG É O EMBAIXADOR OFICIAL DA GASTRONOMIA TAILANDESA AO REDOR DO MUNDO

"Nós, tailandeses, bebemos apenas para ficar bêbados".

A frase, obviamente uma divertida brincadeira, é pontuada por uma sonora gargalhada. E revela a espontaneidade do autor, ninguém menos que o cozinheiro que já foi chamado de "o Escoffier da Tailândia" (referência ao francês Auguste Escoffier), tamanha é a sua influência na cozinha do país. Reconhecidamente o grande embaixador da culinária thai ao redor do planeta, chef McDang (nome real, M. L. Sirichalerm Svasti) é admirado por pares do quilate do inglês Gordon Ramsay e foi amigo do falecido ianque Anthony Bourdain, entre inúmeros outros.

Nascido na família imperial tailandesa, McDang cresceu no Palácio Real. Mais tarde, educou-se no eixo Inglaterra-Estados Unidos (estudou na prestigiosa Georgetown University, em Washington DC), antes de graduar-se no célebre Culinary Insitute of America. "Quando estudava na Inglaterra, me aventurei na cozinha e cozinhei pela primeira vez", conta. "Foi um ato de desespero, por saudades da comida de casa".

Autor de vários livros, McDang produz e apresenta um programa televisivo de enorme sucesso (*McDang Show*). Também assina inúmeros artigos para revistas e jornais nacionais e internacionais (sua coluna *McDang Guide* já soma 18 anos de publicação no *Daily News*, periódico de Bangkok). "Deixei muitos restaurantes ricos", diverte-se. Paralelamente, é constante alvo de convites de totens como a rede noticiosa americana CNN, para artigos e participações em programas da emissora.

"Tive sorte de ter meu pai como meu grande mentor", revela o chef. "Ele foi um pioneiro da educação alimentar na Tailândia, com quem aprendi muito". Antes de profissionalizar-se na cozinha, McDang chegou a estudar para ser diplomata. "Então, um dia, vi o programa da apresentadora Julia Child na TV. Foi como se acendessem a luz num quarto que estava escuro. A partir dali, comecei a estudar tudo que me caía nas mãos sobre comida".

Sua visão da comida thai é pragmática. "A cozinha tailandesa sempre foi uma cozinha de memória, que se aprende com a mãe e a avó e não se questiona", define. "Afinal, elas aprenderam assim através de gerações. Meu *approach* foi diferente: parar, pensar e analisar como as coisas são feitas, e aplicar um pensamento mais sistemático àquilo que antes era apenas tradição oral. Tenho tanta paixão pela comida tailandesa que queria entendê-la realmente a fundo. Um bom cozinheiro entende aquilo que cozinha."

Deu tão certo que seus conceitos acabaram no Ocidente: McDang é o único tailandês a ostentar no currículo seu próprio programa – *The Principles of Thai Cookery* – no afamado instituto culinário Le Cordon Bleu, nos EUA. *The Principles...* é também o título de seu mais recente livro, que angariou resenhas bastante elogiosas no exterior. "Ambos, o livro e o curso, explicam as maneiras como a comida tailandesa é feita e por que tem os sabores e as nuances que a fazem famosa no mundo inteiro".

Apesar do *status* de celebridade – basta uma caminhada para ser assediado para *selfies* e autógrafos –, o chef é extremamente conectado com as ruas e sua comida simples e excepcional. Muitos de seus programas mostram visitas a vendedores de comida de rua e a rincões no interior do país – uma de suas missões, ele afirma, é recuperar receitas quase perdidas no tempo. "Tenho um grande vínculo com a comida de rua da Tailândia. E também com o homem do campo. Se você quer informações, tem de ir ao nível dos cozinheiros espalhados pelas esquinas, pelo interior da Tailândia. São eles os depositários das tradições da nossa comida".

Não raro, o chef cozinha o próprio almoço, no elegante escritório instalado no prédio da Bangkok Airways, empresa aérea cujos cardápios de bordo ele assina. Comida thai? "Nem sempre. Depende do meu humor. Tailandeses não gostam muito de carne bovina. Eu adoro. Também gosto muito de comida indiana. E de muitas outras cozinhas." McDang não tem restaurantes. Sua missão é outra. "Promover a comida da Tailândia. Fazer com que seja compreendida. O tailandês orgulha-se muito dela. E por quê? Porque ela é única. É a nossa essência."

A GRANDE DAMA DA GASTRONOMIA

FUNDADORA DO GRUPO BLUE ELEPHANT, A CHEF NOOROR STEPPE É REFERÊNCIA MUNDIAL

Nascida e criada no interior da Tailândia, aos 9 anos de idade a chef Nooror Somanu Steppe já fazia os seus próprios curries – batendo os ingredientes e temperos em um pilão, como manda a tradição. "E eu já era boa nisso. Mas nem imaginava que um dia seria profissional e teria restaurantes", revela a chef, simpatia e sorriso largo sempre à mostra.

"Cozinhar é uma dádiva de Deus que recebi. Mas tenho que agradecer também a minha mãe e minha irmã, que foram influências decisivas", diz. "Elas me ensinaram desde cedo os caminhos por vezes misteriosos e as raízes da comida da Tailândia."

Ela revela que a mãe vendia comidas em um mercado de rua em Chachoengsao, capital da província do mesmo nome, sua cidade natal. "Ela era excelente em curries e sobremesas. Era famosa, por conta disso. E sempre dizia que eu tinha que aprender a cozinhar bem."

Quando sentiu o quilate de seu próprio talento, a elegante madame Nooror foi morar na Bélgica, para tentar aprimorá-lo – a convite do irmão, que estudava hotelaria em Bruxelas. Em terras belgas, casou-se e abriu o primeiro Blue Elephant, que logo se tornou um dos mais importantes restaurantes asiáticos na Europa. A seguir, vieram as filiais de Londres, Copenhagen e Paris, sucessivamente.

"Mas eu sabia que voltaria", conta. "Como cozinheira tailandesa, não poderia deixar de ter um restaurante em meu próprio país." Assim, no ano 2000, surgiu a hoje mundialmente conhecida unidade do Blue Elephant em Bangkok. O resto é história.

Hoje, ao lado do marido, o belga Karl Steppe, ela comanda o Blue Elephant Group, *mix* de restaurante, escola de gastronomia (a mais famosa do país) e grife de produtos e temperos tailandeses exportados para inúmeras latitudes. Seu QG é o enorme e bem conservado palacete de arquitetura thai-chinesa do início do século XX, bem em frente a uma das mais movimentadas estações (Khet Sathorn) do metrô de BKK, onde a grande dama da cozinha tailandesa dá expediente todos os dias, quando está na cidade. Na cozinha, inclusive.

Além da capital, hoje o restaurante tem unidades na turística Phuket, em Bruxelas, Copenhagen, Paris, Jacarta (Indonésia) e até na ilha de Malta.

Em comum, uma irrepreensível cozinha clássica que pode, sim, ser chamada de alta gastronomia – porém, sem perder a essência. Comer no Blue Elephant é um ritual. Algo mágico. Apresentações impecáveis, ambiente e louças idem. Mas o mais importante é que, na essência, sua cozinha não difere muito das melhores comidas de rua tailandesas.

"Sou uma fusão: autênticas receitas tailandesas, algumas delas bem antigas, executadas com bastante técnica e toques de muita elegância", define-se *miss* Nooror, que viaja o mundo divulgando os valores da culinária tailandesa nos países que visita.

Curries, gengibre, capim-limão, coentro, *palm sugar*, limão kafir – para a chef, são esses seus ingredientes prediletos. "Juntos, eles formam a alma da cozinha thai."

A partir do surgimento do Blue Elephant, a chef Nooror consolidou a cozinha thai rumo a um outro patamar, muito mais elevado, de excelência e respeitabilidade. "Atualmente, a comida tailandesa é uma das mais importantes do mundo. Sabe por quê? Por causa do equilíbrio. Temos sabor, cremosidade, aroma, picância. Um balanço completo. Depois que experimentam, as pessoas amam e não conseguem mais parar de comer *thai food*", brinca.

FUTURO DO PRETÉRITO

FOCADO NAS RAÍZES DA CULINÁRIA TAILANDESA, O CHEF TON TASSANAKA JOHN ASSINA A COZINHA THAI CONTEMPORÂNEA

Como não raro acontece com asiáticos jovens, quem conhece o chef Thitid "Ton" Tassanakajohn pessoalmente pela primeira vez fica intrigado – seria ele menor de idade?

Ele ri da brincadeira. Estrela em ascensão e reconhecidamente o maior talento da cozinha tailandesa autoral no momento, Ton é o timoneiro do pequeno e aconchegante Le Du. Instalado literalmente em um beco, "escondido" a poucos metros de uma das principais artérias do centro comercial de BKK, a casa pode ser definida como um bistrô de legítima comida thai elevada a estado de arte.

A atmosfera é intimista e descontraída, muito por conta da brigada tão jovem quanto o chef. Idem para o fiel público frequentador (tailandeses e estrangeiros), que já rastreia sua comida por meio das mídias sociais. Em verdade, o Le Du é a mesa "oficial" dos descolados e "modernetes" de Bangkok... gente da moda, das artes, profissionais liberais. Ao cair da tarde, velas são acesas, e o ambiente fica mais bonito ainda.

Ton diz que sempre gostou de cozinhar. Desde criança. "Trago bem vivas na memória as refeições em família", diz. "Minha mãe e minha avó cozinhando, todo dia, para mim e para meus irmãos. Essa é minha maior inspiração."

Nem a faculdade de Economia, na qual se formou, nem o desencanto do pai que o queria ou na Bolsa de Valores ou trabalhando em bancos, o afastaram da rota das panelas.

"Trabalhei dois meses em um banco. Mas larguei tudo e fui para os Estados

Unidos estudar gastronomia. A família era contra, diziam que era trabalho braçal, que não era para quem tinha estudos."

Em terras ianques, paralelamente aos estudos no *Culinary Institute of America*, poliu seu repertório ao trabalhar com grandes nomes do calibre do chef francês Jean Georges Vongerichten. "Ele é intenso. Suas cozinhas são intensas. Aprendi muito com ele."

Sua proposta no Le Du é reinterpretar pratos da clássica cozinha thai "com a mesma integridade desta", diz. Assim, a paladares já minimamente versados em sabores tailandeses, chega a ser (no melhor dos sentidos) "irritante" o nível de correção, sutileza e equilíbrio de sua cozinha thai contemporânea.

Os menus do chef reinterpretam influências de todas as regiões e épocas do país. Que o diga seu prato-assinatura, *Khao chae* – camarão e porco, juntos, com molho de rabanete e – surpresa – sorvete de jasmim. Apresentação delicada, sabores intensos, para uma receita ancestral, que nasceu no seio da Família Real e é considerada, como já vimos, o único prato verdadeiramente dentro do conceito *royal thai cuisine*.

"Quem quer fazer algo moderno, tem que primeiro entender a tradição; se você não entende a tradição, não aprende as raízes, não dará certo. Aprendi muito, li muito. Aí você faz com integridade e o respeito às raízes."

Nascido em Bangkok, Ton diz que sua predileção ao cozinhar são os frutos do mar. "Eles são muito importantes na minha cozinha." Para o chef, a cozinha tailandesa tem um frescor e sabores únicos. "Somos completos, mas há um balanço especial no todo. A complexidade e o balanço, ao mesmo tempo, são a nossa vantagem."

RAINHA DA CENA

ELA NÃO É COZINHEIRA.
NUNCA ESTUDOU GASTRONOMIA,
NÃO TEM RESTAURANTE

E nem precisa, já que poucas pessoas são tão culturalmente influentes e respiram tão profundamente a cena gastronômica de Bangkok – portanto, de todo o país – como Samantha Proyrungtong. Verdadeira *jet-setter* da gastronomia thai, a moça, como um dínamo, catalisa o que de melhor acontece na cidade.

Nascida na Austrália de pais tailandeses, Samantha cresceu em Melbourne. Mas foi em Bangkok que a paixão pela comida levou-a a desenvolver contínuos e bem-sucedidos projetos e festivais, caso, entre outros, do Natural Wine Festival, Bangkok Foodie Festival e Phuket Foodies. Além disso, administra mídias sociais voltadas para a gastronomia, com dicas de onde comer, promoções, entrevistas (com chefs e cozinheiros) e críticas de restaurantes.

"Minha paixão é comer, viajar e escrever sobre comida. Não necessariamente nessa ordem", brinca Samantha, frequentadora assídua da mídia local. "Bangkok oferece um universo de possibilidades. Tradicional ou moderno, há sempre algo novo a descobrir. Adoro dividir esse fascínio da comida com as pessoas."

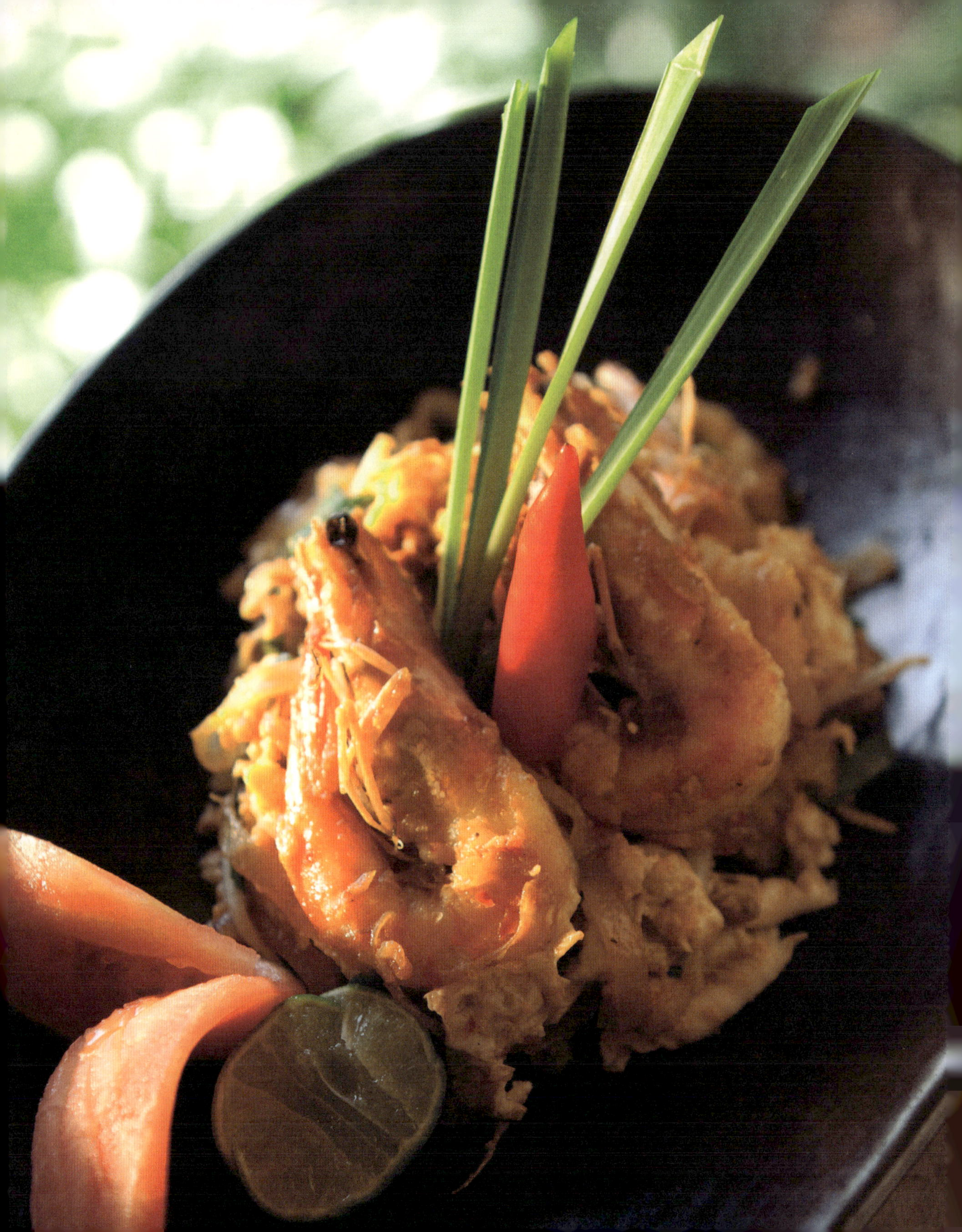

Receitas

TÉCNICAS E PREPAROS

INGREDIENTES CERTOS PROPORCIONALMENTE COMBINADOS AO JEITO APROPRIADO DE COZINHÁ-LOS SÃO A CHAVE DO INTENSO SABOR NA COZINHA TAILANDESA

FERVER
O mais antigo modo de cozinhar conhecido na Tailândia é intimamente ligado às sopas (*Tom*) – feitas por infusão.

GRILL
Caminhar pelas ruas tailandesas é comprovar a importância do grelhar nos mais importantes e diversos preparos. Inclua-se aí a técnica de grelhar alimentos envoltos em folhas de bananeira, usada em alguns doces.

REFOGAR
Ah, os chineses! A chegada (por volta de 1700) da panela wok e suas virtudes via imigração chinesa mudou a dimensão da comida no reino. Para refogar (*stir fry*), uma wok tailandesa sempre leva pastas ou curries, molhos e *palm sugar* (o açúcar provindo de palmeiras) – uma rápida selada e a essência dos alimentos é preservada.

FRITURAS
Outro gol chinês em terras tailandesas. Frutos do mar, por exemplo, quase nunca escapam da wok. Mas do alto de sua detalhista preocupação com texturas e sabores, quase não há frituras tailandesas desacompanhadas de molhos, quando vêm à mesa (com o propósito de combater o excesso de oleosidade oriunda da fritura).

VAPOR
Por si só, o fato de a comida mais importante do país – o *Sticky rice* – ser feita desde a Antiguidade no vapor, e não cozida, diz tudo. O arroz pegajoso deve a isso sua textura única.

SALADAS
Imprescindíveis, seja qual for a ocasião ou local (lares, restaurantes, festas etc.). Podem ser *in natura* e frias (caso do *Som tam*), ou quentes e cozidas (*Larb*). Detalhe: nunca levam óleo, apenas molhos. Picantes, claro.

MOLHOS
A expressão *dip*, em inglês, designa aquela consistência transitória entre um molho e um patê. Um *relish*. Na Tailândia, eles acompanham inúmeras comidas. O mais popular é o onipresente molho *Nam prick*. Mas há inúmeros outros.

STICKY RICE

Arroz pegajoso

INGREDIENTES
para 4 porções

Arroz jasmim	2 xícaras (chá)
Água	o necessário

MODO DE PREPARO

1. Coloque o arroz em um *bowl*, completando com água. Deixe por algumas horas ou, se possível, da noite para o dia.
2. Cozinhe o arroz no vapor por cerca de 25 minutos. Atenção ao tempo de cozimento: o arroz deve ficar grudento, mas não pastoso.
3. Retire, deixando esfriar um pouco.
4. Se desejar, adicione sal a gosto. Sirva em seguida.

*KHAO NEOW

STEAMED FISH WITH CURRY AND VEGETABLES PRINCIPAL

Peixe com curry e verdura ao vapor

INGREDIENTES
para 1 porção

Filé de badejo	180 g
Capim-limão	1 maço de cerca de 15 a 20 g
Folhas de limão Kaffir	2 un.
Aneto, endro ou dill	10 g
Acelga	30 g
Couve ou alface	30 g
Pasta de curry vermelho	30 g
Molho de peixe	10 g
Açúcar	5-10 g
Caldo de galinha ou legumes	40 g

MODO DE PREPARO

1. Limpe o peixe com água fria e coloque-o em um recipiente próprio para ir ao vapor. Tempere o peixe esmagando o capim-limão, triturando as folhas de limão Kaffir sobre o peixe, acrescente o aneto e os legumes. Mexa, deixando o peixe por cima de tudo. Reserve.

2. Coloque a pasta de curry vermelho em uma caçarola e comece a mexer, acrescente o molho de peixe e açúcar, seguido do caldo de galinha ou legumes e mexa bem até virar um creme.

3. Despeje o creme de curry sobre o peixe com legumes reservado.

4. Cozinhe tudo no vapor por cerca de 12 a 15 minutos em temperatura alta (cerca de 180-200 ºC).

5. Sirva quente com arroz de jasmim ao vapor.

*CHEF PAITOON SURAWONGPAIBOON (ANANTARA GOLDEN TRIANGLE ELEPHANT CAMP & RESORT)

LANNA DIP

(obs.: receita de quatro tempos, rende 4 porções)

PRIMEIRA RECEITA
Molho de tomate e pimenta assados

INGREDIENTES

Tomates	2 un.
Alho descascado	2 dentes
Cebola roxa descascada	1 un.
Pimenta seca	1 un.
Molho de peixe	1/2 colher (chá)
Açúcar	1/2 colher (chá)

MODO DE PREPARO

1. Leve ao forno todos os ingredientes, menos o açúcar e o molho de peixe, até o ponto de assá-los completamente; a seguir, remova-os.
2. Coloque-os em um pilão preferencialmente de pedra, socando com um socador até que esfarelem; depois, misture-os bem e reserve.
3. Tempere os ingredientes reservados com o molho de peixe e o açúcar.

SEGUNDA RECEITA
Molho de pimenta verde assada

INGREDIENTES

Pimenta verde	3-4 un.
Alho descascado	2 dentes
Cebola roxa descascada	1 un.
Molho de peixe	1/2 colher (chá)
Açúcar	1/2 colher (chá)
Suco de limão	1/2 colher (chá)

MODO DE PREPARO

1. Leve ao forno todos os ingredientes, menos o açúcar, o molho de peixe e o suco de limão, até o ponto de assá-los completamente; a seguir, remova-os.
2. Coloque-os em um pilão preferencialmente de pedra, socando com um socador até que esfarelem; depois, misture-os bem e reserve.
3. Tempere os ingredientes reservados com o molho de peixe, o açúcar e o suco de limão.

TERCEIRA RECEITA

Molho de berinjela e pimenta assadas

INGREDIENTES

Berinjela inteira com pele	150 g
Pimenta verde	3-4 un.
Alho descascado	2 dentes
Cebola roxa descascada	1 un.
Molho de peixe	1/2 colher (chá)
Açúcar	1/2 colher (chá)
Suco de limão	1/2 colher (chá)

MODO DE PREPARO

1. Leve ao forno todos os ingredientes, menos o açúcar, o molho de peixe e o suco de limão, até assá-los completamente; depois, remova-os.
2. Remova a pele da berinjela.
3. Coloque-os em uma tigela preferencialmente de pedra, socando-os até que esfarelem; depois, misture--os bem e reserve.
4. Tempere os ingredientes reservados com o molho de peixe, o açúcar e o suco de limão.

QUARTA RECEITA

Molho apimentado de carne de porco e tomates

INGREDIENTES

Carne de porco moída	100 g
Tomates	2 un.
Alho descascado	2 dentes
Cebola roxa descascada	1 un.
Pimenta seca	1 un.
Molho de peixe	1/2 colher (chá)
Açúcar	1/2 colher (chá)
Óleo de cozinha	1/2 colher (sopa)

MODO DE PREPARO

1. Leve ao forno todos os ingredientes, menos o açúcar, o molho de peixe, o óleo de cozinha e a carne de porco, assando-os completamente; depois, remova-os.
2. Leve ao fogo uma panela teflon com um pouquinho de óleo, adicione a carne de porco moída e mexa até fritar. Reserve.
3. Coloque os ingredientes assados em um pilão preferencialmente de pedra, soque-os até esfarelar, depois, misture-os bem.
4. Depois, coloque os ingredientes assados junto com a carne de porco moída, reservada na panela teflon, e mexa até obter um aroma perfumado.
5. Tempere todos os ingredientes com o molho de peixe e o açúcar.

PASSO FINAL

1. Coloque os molhos em pequenas cumbucas de louça e sirva com legumes cozidos, verduras frescas, torresmos (obs.: apenas a pele) e *sticky rice* (arroz pegajoso).

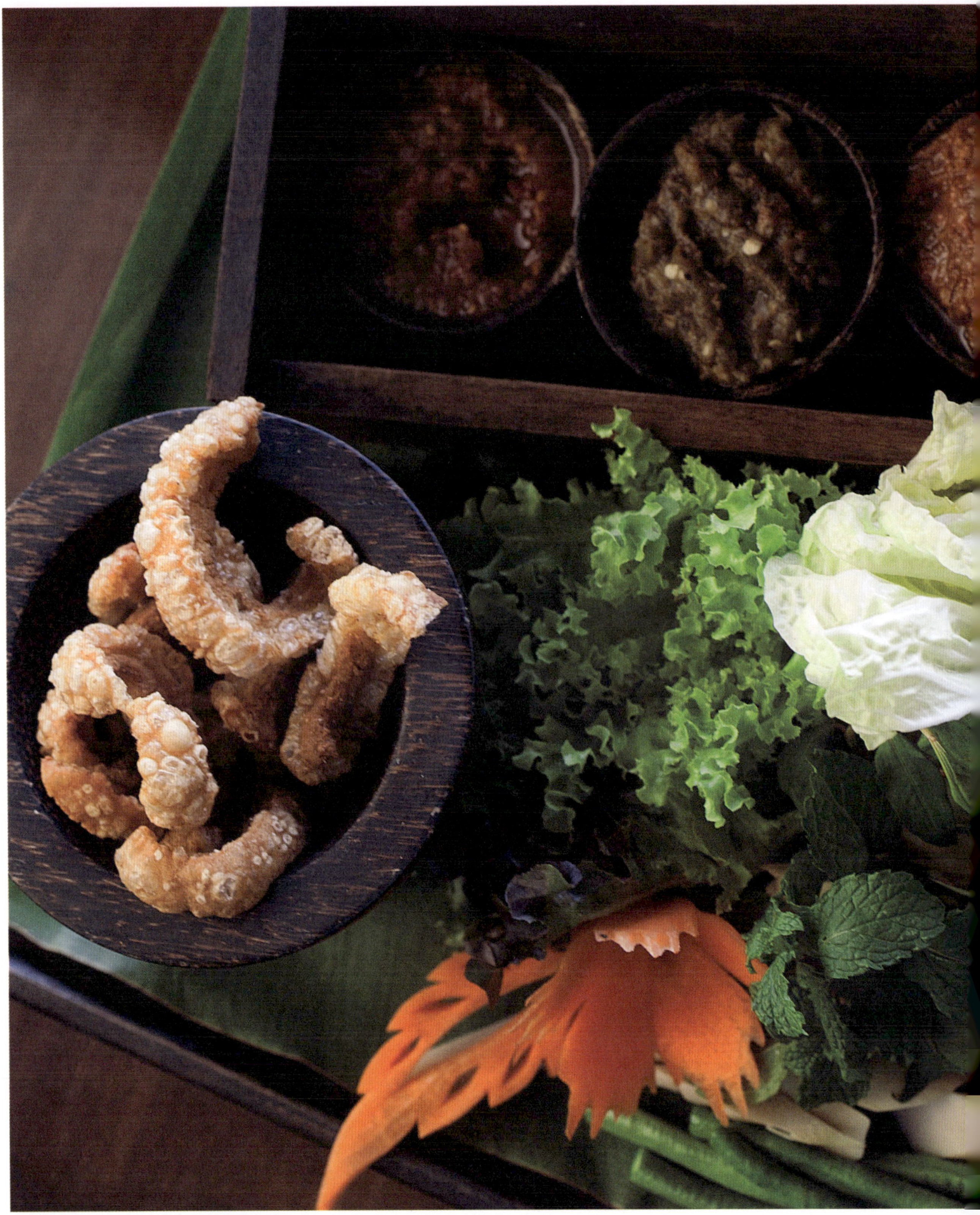

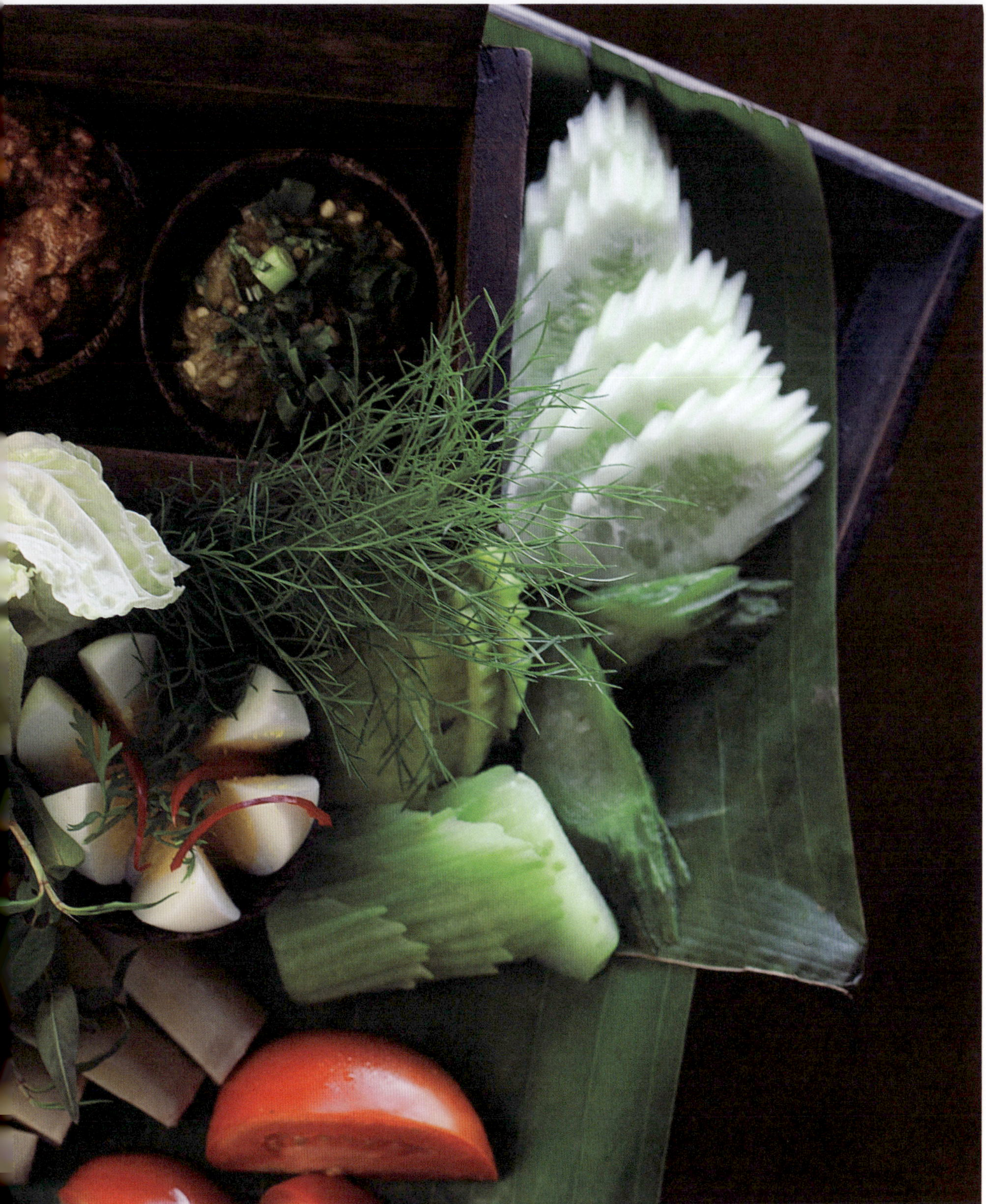

CHICKEN SATAY ENTRADA

Espetinhos de frango

INGREDIENTES
para 2 porções

Açafrão da terra (cúrcuma) em pó	10 g
Óleo vegetal	10 g
Capim-limão picado	15 ml
Pasta de curry vermelho	5 g
Açafrão em pó	5 g
Cominho em pó	2 g
Coentro em pó	2 g
Molho de soja light	2 g
Molho de peixe	15 ml
Creme de leite	150 ml
Sal	2 g
Açúcar	10 g
Filé de frango	120 g
Pasta de soja	60 g
Pepino picado	10 g
Pimenta vermelha	1 un.
Cebola roxa picada	1 un.
Amendoim moído	5 g
Espetos de bambu	12 (de 20 cm cada)
Leite de coco	200 ml
Massaman curry	60 g
Suco de tamarindo	1 colher (chá)

INGREDIENTES E MODO DE PREPARO DO AJAAD
molho para realçar o sabor do *Chicken Satay*

Vinagre	200 ml
Açúcar	300 g
Sal	10 g
Gengibre	15 g

1. Ferva tudo junto até chegar a uma consistência de melado. Reserve.

MODO DE PREPARO

2. Coloque o açafrão da terra junto com o óleo e mexa até ficar uma mistura lisa, suave e regular.

3. Coloque todas as especiarias secas, molhos e cremes (inclusive o de cima) juntos em uma panela e mexa até tudo ficar com uma só textura.

4. Corte o filé de frango em fatias grossas (mais ou menos 2 cm) e mergulhe-as no molho produzido acima; mexa bem e deixe marinando da noite para o dia.

5. Introduza os espetos de bambu nas fatias de frango marinadas e, a uma temperatura de 70 °C, grelhe bem os dois lados do frango.

6. Coloque a pasta de soja em uma panela, acrescente o pepino e a cebola picados, a pimenta vermelha em tiras e o amendoim moído e junte também o Ajaad.

7. Organize os espetos de frange no prato para servir mergulhados no molho acima.

8. Finalize enfeitando o prato com folhas de coentro e pimenta vermelha cortada à *Julienne* e, ao lado, um bem arranjado buquê de salada.

*SPICE SPOONS – A THAI CULINARY JOURNEY (ANANTARA HOTELS RESTAURANTS)

KHAO SOI GAI PRINCIPAL

Noodles Thai à moda do norte

INGREDIENTES
para 1 porção

Pimenta seca grossa	15 g
Açafrão fresco	8 g
Cebola roxa picada	80 g
Alho picado	50 g
Raiz de coentro picada	50 g
Pasta de camarão	40 g
Galangal ou gengibre tailandês	50 g
Capim-limão cortado	50 g
Pimenta branca	5 g
Sal	5 g
Óleo vegetal	100 ml
Sementes de cardamomo preto	10 g
Curry em pó	10 g
Sementes de coentro	5 g
Sementes de cominho	5 g
Caldo de galinha caseiro	150 ml
Leite de coco	175 ml
Açúcar	80 g
Molho de soja *light*	30 ml
Molho de soja *preto*	10 ml
Pasta de soja	50 g
Talharim cozido	60 g
Filé de frango picado em cubinhos	80 g
Cebola roxa picada	5 g
Repolho picado	40 g
Talharim crocante	10 g
Cebolinha picada	4 g
Pimenta em óleo (azeite)	5 ml
Limão inteiro	1 un.

MODO DE PREPARO

1. Embeba a pimenta seca em água (30 ml) até que fique macia, então pique-a bem e acrescente, na mesma água, o açafrão fresco, a cebola, o alho, a raiz de coentro, a pasta de camarão, o gengibre tailandês, o capim-limão, sal e pimenta branca. Mexa até formar uma mistura fresca lisa, suave e regular.

2. Coloque essa massa fresca em uma panela wok com o óleo vegetal e, em seguida, acrescente as sementes de cardamomo, a raiz de coentro picada, as sementes de coentro e de cominho, o curry em pó e o leite de coco; misture tudo e leve ao fogo brando por cerca de 10 minutos, sempre mexendo.

3. Quando os aromas começarem a fluir, acrescente o açúcar, o molho de soja *light* e o preto, a pasta de soja e deixe ao fogo brando, sempre mexendo, por mais 5 minutos. Então, acrescente o caldo de galinha e deixe em fogo brando, mexendo, por mais 10 minutos.
4. Acrescente o filé de frango para cozinhar com o molho.
5. Coloque o talharim em uma cumbuca de sopa e cubra com o molho acima. Polvilhe a cebolinha cortada e o talharim crocante por cima.
6. Sirva acompanhado da pimenta em óleo, repolho, cebolinha picada e limão fresco cortado ao meio para ser espremido.

MASSAMAN BEEF CURRY — PRINCIPAL

Massaman curry com carne

INGREDIENTES
para 1 porção

Gengibre picado	10 g
Pasta de camarão	5 g
Cebola roxa picada	10 g
Alho picado	10 g
Pasta de *massaman* curry	100 g
Pasta de curry vermelho	50 g
Leite de coco	1,5 l
Sal	5 g
Açúcar de cana	20 g
Molho de peixe tailandês	10 ml
Suco de tamarindo	30 ml
Caldo de galinha feito em casa	100 ml
Alcatra ou contra-filé picado	150 g
Cebola roxa picada	30 g
Batata doce	80 g
Castanha de caju	5 g
Cominho	5 g
Canela em pó	5 g
Garam masala (mistura de especiarias) em pó	5 g
Coentro em pó	5 g
Cravo da índia em pó	5 g

MODO DE PREPARO

1. Misture o gengibre, o alho, a cebola, a pasta de camarão em um pouco de água até atingir uma mistura fresca lisa, suave e regular.

2. Esquente o óleo em uma panela wok em média temperatura, acrescente a pasta de *massaman* curry e a pasta de curry vermelho e mexa por dois minutos até subir a fragrância.

3. Acrescente todas as especiarias secas (cominho, canela, garam masala, coentro e cravo da índia) e o caldo de galinha, mexendo por mais um minuto e, então, acrescente a mistura fresca acima. Continue mexendo e adicione 1 l de leite de coco aos poucos, enquanto mexe.

4. Tempere o molho com sal, açúcar, molho de peixe e suco de tamarindo, enquanto mexe simultaneamente por 5 minutos, até que tudo esteja bem misturado.

5. Adicione o restante do leite de coco, então adicione a carne e mais cebola picada, enquanto mexe. Deixe cozinhando levemente por mais 30 minutos ou até que a carne fique macia.

6. Antes de apagar o fogo, acrescente a batata doce escaldada sem casca e as castanhas de caju. Remova do fogo e sirva.

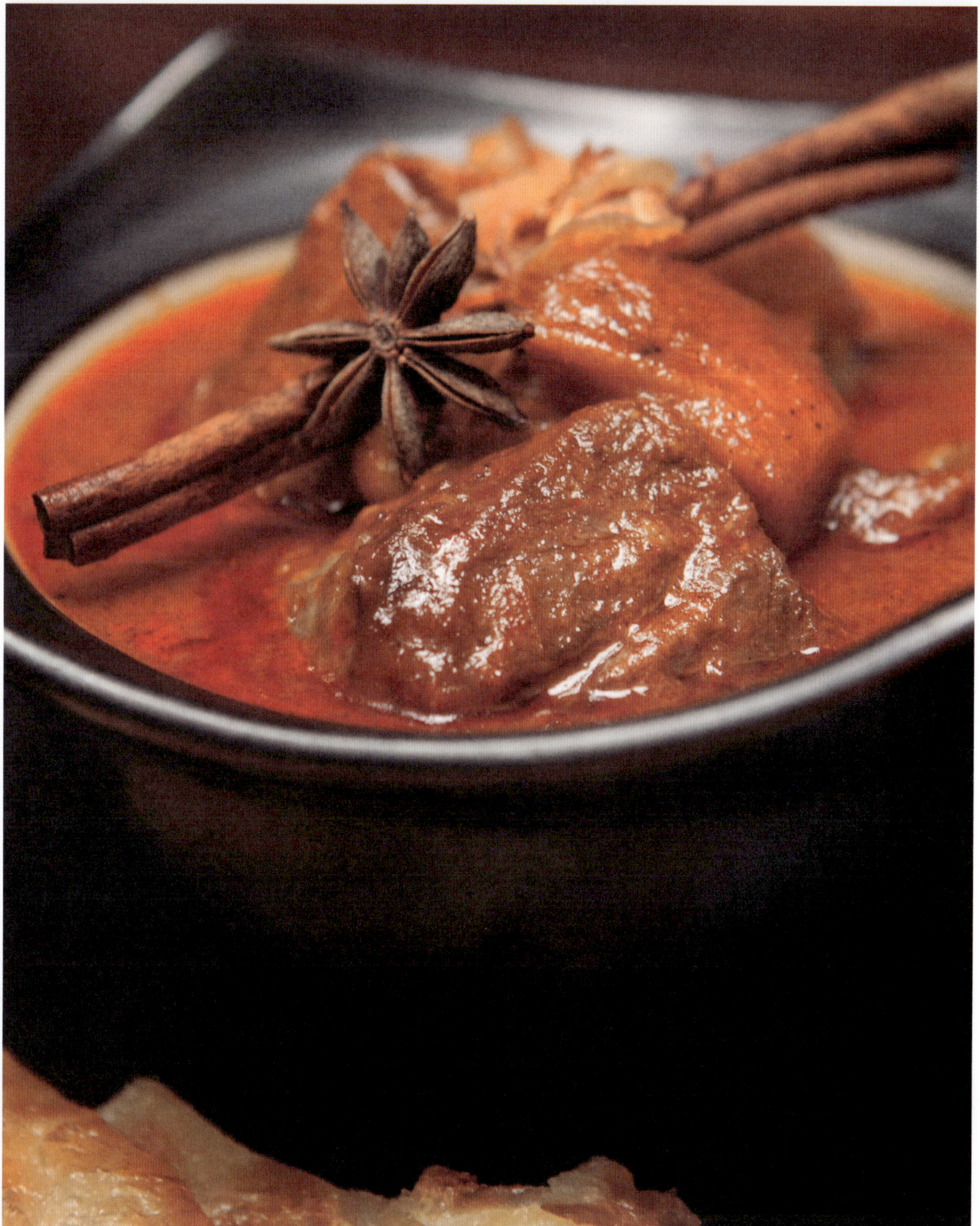

PLA GOONG SALADA

Salada picante de camarão

INGREDIENTES
para 1 porção

Pasta *nam prick*	60 g
Molho de pimenta *sriracha**	10 ml
Camarões médios	3 un.
Pimenta vermelha fatiada	5 g
Capim-limão fatiado	20 g
Folhas de limão Kaffir fatiadas	2 g
Cebola rocha fatiada	30 g
Folhas de hortelã	20 g
Coentro tailandês	5 g
Salada de alface iceberg	2 un.

* Molho de pimenta vermelha e alho usado na culinária tailandesa e vietnamita

Molho de salada (Yan)

INGREDIENTES

Molho de peixe	50 ml
Suco de limão	50 ml
Melado de açúcar	25 g
Alho picado	10 g
Pimenta dedo-de-moça picada	10 g
Coentro fresco picado	10 g
Suco de tamarindo	1 colher (chá)

MODO DE PREPARO

1. Limpe o camarão removendo a casca e a veia negra central, mas mantenha a cauda.

2. Grelhe levemente os camarões em fogo médio até que eles estejam cozidos.

3. Prepare o molho da salada (Yan) mexendo o molho de peixe, o suco de limão, o melado, o molho de pimenta *sriracha*, a pasta nam prick, o suco de tamarindo, o alho tailandês, a pimenta dedo-de-moça e o caule de coentro picados.

4. Em uma panela larga, mexa os camarões com o molho de salada (Yan), então adicione as fatias de capim-limão, a cebola, as folhas de limão kaffir e a pimenta vermelha. Sacuda gentilmente até que todos os ingredientes fiquem bem misturados.

5. Passe todos os ingredientes para um prato e sirva com salada de folhas iceberg. Enfeite com folhas de hortelã e pimenta vermelha à *Julienne*.

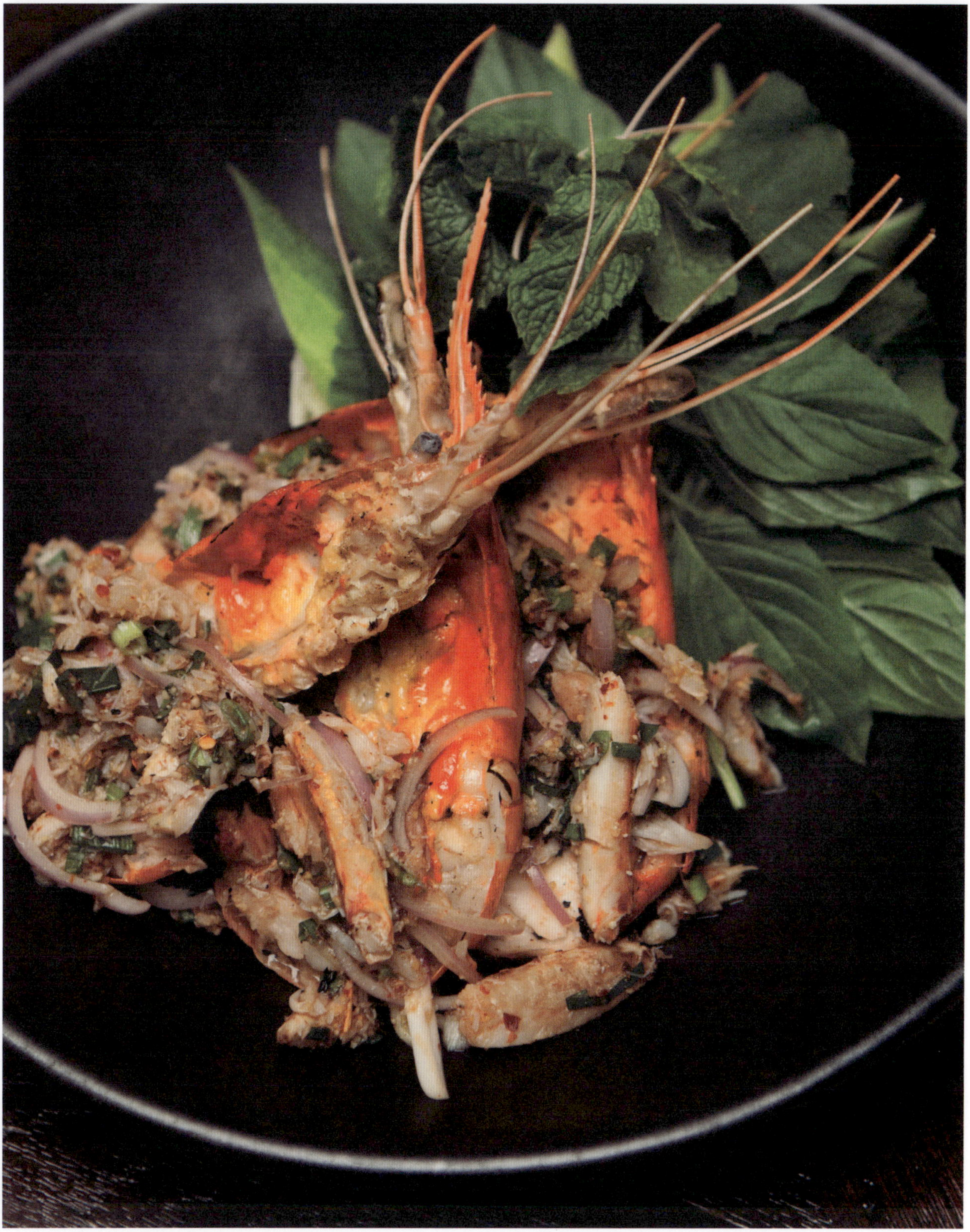

TOD MAN PLA ENTRADA

Bolinho de peixe

INGREDIENTES
para 1 porção

Filé de tilápia ou St. Peters	250 g
Pasta de curry vermelho	40 g
Ovo	1 un.
Vagem cortada fina	40 g
Folhas de limão Kaffir	3 un.
Pimenta branca	2 g
Pimenta em pó	1 g
Molho de peixe	4 ml

Ajaad

INGREDIENTES
molho para realçar o sabor

Vinagre	200 ml
Açúcar	300 g
Sal	10 g
Gengibre tailandês picado	15 g

MODO DE PREPARO

1. Ferva tudo junto por 15 a 30 minutos até chegar a uma consistência de melado.
2. Numa panela larga, adicione o peixe picado com a pasta de curry, o ovo, a pimenta branca, a pimenta em pó, o molho de peixe e as folhas de limão kaffir cortadas bem finas; mexa até a mistura ficar levemente engrossada.
3. Adicione a vagem picada bem fina e mexa continuamente por mais 3 a 5 minutos, até que fique bem misturado.
4. Forme pequenas empanadas de 3 a 4 cm de diâmetro.
5. Mergulhe as empanadas em óleo fervendo na temperatura de 180 °C por 2 minutos, ou até que os dois lados estejam fritos. A seguir, deixe a temperatura cair para 70 °C e frite por mais um tempo, para assar o interior das empanadas.
6. Arrume as empanadas no prato, decore com manjericão crocante e sirva com o molho *Ajaad*.

*CHEF NOOROR SOMANT STEPPE/ BLUE ELEPHANT RESTAURANT SCHOOL

GOONG PHAD NAAM PRIG POW
PRINCIPAL

Mexido de camarões com *nam prick* e manjericão doce

INGREDIENTES
para 2 porções

Camarões grandes fritos	200 g
Cebola	30 g
Pimenta verde em fatias	10 g
Pimenta vermelha em fatias	10 g
Manjericão doce	10 g
Nam prick (pasta de pimenta)	50 g
Pimenta em pó	2 g
Alho picado	5 g
Óleo de cozinha	20 g
Molho de peixe	12 g
Molho de ostra	20 g
Açúcar branco	10 g
Pimenta branca em pó	1 g
Caldo de camarão	80 g

PARA DECORAR

Pimentão fatiado frito	1 un.

MODO DE PREPARO

1. Aqueça o óleo em uma panela em fogo médio e acrescente o alho, a cebola, a pimenta branca e o *nam prick*; mexa e frite até sentir o aroma.
2. Tempere com o molho de peixe, o molho de ostra, açúcar e pimenta em pó. Frite bem e, então, coloque o caldo de camarão.
3. Acrescente a pimenta verde, a vermelha e jogue os camarões rapidamente apenas para aquecer; apague o fogo.
4. Coloque em um prato, decore com o pimentão frito e sirva.

*PRATO DO RESTAURANTE SALA RIM NAAM, MANDARIN HOTEL BANGKOK

KAI PHAD NAAM MA-KHAM — PRINCIPAL

Mexido de frango frito com molho de tamarindo

INGREDIENTES
para 1 porção

Peito de frango cortado fino	100 g
Farinha de milho ou trigo para empanar	
Óleo vegetal para fritura	
Taro* cortado em cubos e fritos por imersão	30 g
Pimentão em cubos	20 g
Cebola em cubos	20 g
Cebolinha cortada em pedaços de 2 cm	2 caules
Óleo vegetal	2 colheres (sopa)
Alho descascado e esmagado	2 dentes
Suco de tamarindo	4 colheres (sopa)
Açúcar	1 1/2 colher (sopa)
Molho de peixe	1 colher (sopa)
Água	2 colheres (sopa)
Castanha de caju assada	20 g

DECORAÇÃO

- Cebola roxa cortada fina
- Pimenta seca frita
- Folhas de coentro

MODO DE PREPARO

1. Empane o frango em cubos.

2. Em uma panela wok, acrescente o óleo vegetal e leve ao fogo médio; espere aquecer e frite o frango por imersão até ficar crocante. Reserve.

3. Em uma panela wok, em fogo médio, acrescente o óleo e o alho esmagado; mexa até sentir o aroma, acrescente o suco de tamarindo, o açúcar, o molho de peixe e água.

4. Quando começar a ferver, adicione o pimentão, a cebola, o taro, o frango frito reservado. Mexa bem. Acrescente a cebolinha e a castanha de caju e, então, remova do fogo.

5. Coloque tudo no prato e decore com a cebola, a pimenta seca frita e com folhas de coentro. Sirva.

* Planta asiática parecida com inhame

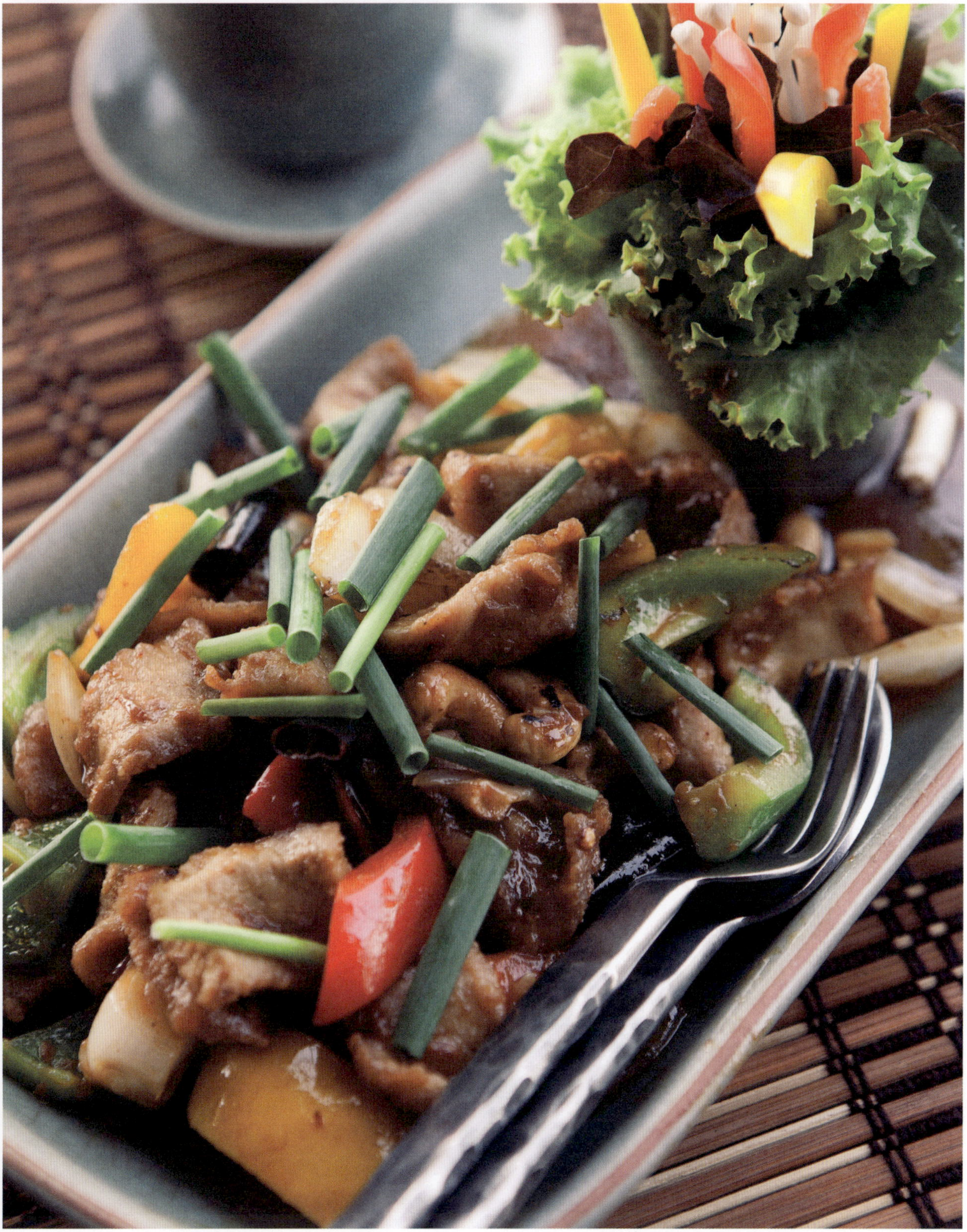

PLAA RAD PRIK KEE NHU BAI HORAPHA PRINCIPAL

Peixe crocante com pimenta e manjericão doce

Marinada

INGREDIENTES
para 1 porção

Badejo	100 g
Farinha	20 g
Gema de ovo	1 un.
Pimenta	1/2 colher (chá)
Sal	1/4 colher (chá)

MODO DE PREPARO

1. Em uma panela, coloque todos os ingredientes, exceto o badejo, e mexa. Marine o badejo nesta mistura por 5 minutos, depois frite-o bem em óleo vegetal, até ficar crocante. Reserve.

Molho

INGREDIENTES

Capim-limão	1/2 colher (chá)
Cebola roxa	2 un.
Pimenta seca	1 un.
Pimenta dedo-de-moça	6 un.
Alho	3 dentes
Raiz do coentro	2 raízes
Casca de limão kaffir	1/2 colher (sopa)
Galangal	1 colher (chá)
Pasta de camarão	1/4 colher (sopa)
Óleo vegetal	2 colheres (sopa)
Molho de peixe	1/2 colher (sopa)
Açúcar	1 colher (chá)
Caldo de peixe	3 colheres (sopa)
Folha limão kaffir	2 folhas dilaceradas
Manjericão	10 folhas
Pimenta serrano vermelha	1 un.

MODO DE PREPARO

1. Em uma pedra lisa ou panela de pedra, bata as raízes de coentro, o alho, a pimenta dedo-de-moça, a pimenta seca, o capim-limão, a casca do limão kaffir, o *galangal*, a pasta de camarão e as cebolas, até se tornar uma pasta fina.

2. Em uma panela para molho, em fogo médio, coloque o óleo e a pasta acima. A seguir, acrescente o açúcar, o molho de peixe e o caldo de peixe, mexendo até o molho ficar bem cozido.

3. Acrescente as folhas do limão kaffir, a pimenta serrano, as folhas de manjericão doce. Desligue o fogo e derrame o molho sobre o badejo frito, em um prato para servir.

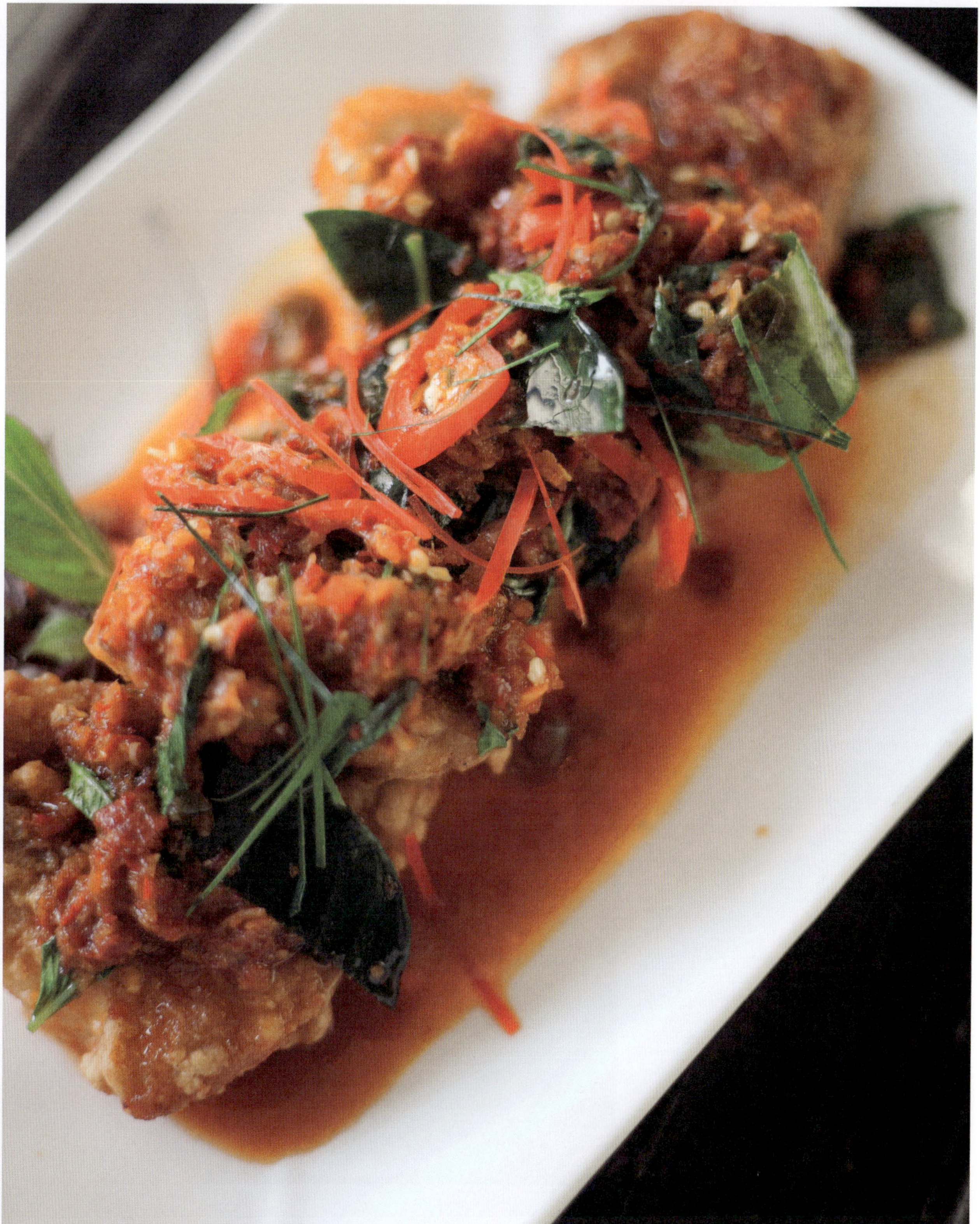

NAM PRIK PHAOW CONDIMENTO

Pasta de pimenta*

INGREDIENTES
para 1 kg aproximadamente

Pimenta vermelha seca grande	7 un.
Óleo vegetal	125 ml
Alho fatiado bem fino	5 dentes
Cebola roxa fatiada bem fino	5 un.
Camarão seco em pó	1/2 colher (sopa)

Tempero

INGREDIENTES

Açúcar	1 colher (sopa)
Molho de peixe	1 colher (sopa)
Suco de tamarindo	1 1/2 colher (sopa)

* O Nam Prik é uma pasta que pode ser armazenada na geladeira por duas semanas ou por mais de um mês no congelador, podendo ser usada conforme a necessidade. Para preservá-la por mais tempo, basta adicionar um pouco mais de sal.

MODO DE PREPARO

1. Corte as pimentas vermelhas e retire as sementes.
2. Em uma panela wok, em fogo médio, acrescente o óleo vegetal e frite a pimenta por alguns segundos. Reserve.
3. Aproveitando o mesmo óleo, frite o alho, mexendo até dourá-lo e reserve. Repita o mesmo processo com a cebola.
4. Em um pilão, de preferência de pedra (ou no liquidificador), acrescente todos os ingredientes fritos e soque/triture até formar uma pasta.
5. Em uma panela wok, em fogo médio, coloque a pasta em óleo quente e mexa por 3 minutos. Abaixe o fogo e acrescente o camarão seco em pó e o tempero. Mexa e deixe no fogo por mais 2 minutos. Retire do fogo e deixe esfriar.

THAI GREEN CURRY PRINCIPAL CLÁSSICO

Frango ao curry verde

INGREDIENTES
para 4 porções

Frango	4 coxas ou sobrecoxas
Óleo de amendoim	2 colheres (sopa)
Cebola roxa picada	4 un.
Leite de coco	400 ml
Caldo de galinha caseiro	400 ml
Molho de peixe	2 colheres (sopa)
Açúcar	1 colher (sopa)
Suco de limão	1 colher (sopa)
Pasta de curry verde	2 colheres (sopa)
Pimenta do reino moída	1 colher (chá)
Sal a gosto	

DECORAÇÃO

Folhas de manjericão
2 pimentas dedo-de-moça

MODO DE PREPARO

1. Desosse o frango. Aqueça o óleo na frigideira em fogo médio. Junte as cebolas e a pasta de curry verde e refogue por 2 minutos. Acrescente o frango cortado em pedaços e continue a cozinhar por 3 minutos, mexendo de vez em quando.

2. Acrescente o leite de coco e o caldo de galinha. Tampe e cozinhe em fogo médio por 30 a 40 minutos, até o frango ficar macio.

3. Acrescente o molho de peixe, o açúcar, a pimenta moída e o suco de limão. Cozinhe por mais 13 minutos, mexendo sempre.

4. Corrija o sal e transfira para uma tigela. Decore com folhas de manjericão e tiras de pimenta dedo-de-moça. Sirva com arroz pegajoso.

YAM TUA PLU KOONG   SALADA

Salada de vagem com camarões

INGREDIENTES
para 1 porção

Vagem	80 g
Frango em pedaços	40 g
Camarão sem casca, sem a veia principal e com cauda	2 un. médio/grande

Molho (Yam)

INGREDIENTES

Molho de peixe	1 colher (sopa)
Açúcar	1 colher (sopa)
Suco de limão	1/2 colher (sopa)
Pasta de pimenta assada	1/2 colher (sopa)
Suco de tamarindo	1 colher (sopa)
Leite de coco	2 colheres (sopa)
Cebola roxa fatiada	3 un.
Pimenta em pó	1/4 colher (chá)
Coco queimado ralado	1 colher (sopa)
Amendoim granulado	1 colher (sopa)

DECORAÇÃO

Cebola roxa picada frita	1 colher (sopa

MODO DE PREPARO

1. Fatie a vagem bem fino e escalde em água fervendo; a seguir, mergulhe imediatamente em água gelada com gelo. Ela vai ganhar mais cor e adquirir crocância. Reserve.

2. Em uma panela para molho, acrescente um pouco de água e coloque para ferver. Assim que a água ferver, coloque os camarões e mexa um pouco, até que cozinhem; retire-os rapidamente e reserve. Faça o mesmo com o frango e reserve.

3. Em uma panela, mexa todos os ingredientes do molho da salada. Acrescente os camarões reservados, o frango, a vagem e mexa. Depois, coloque em um prato para servir e salpique por cima com um pouco de coco queimado ralado. Decore com as cebolas fritas picadas.

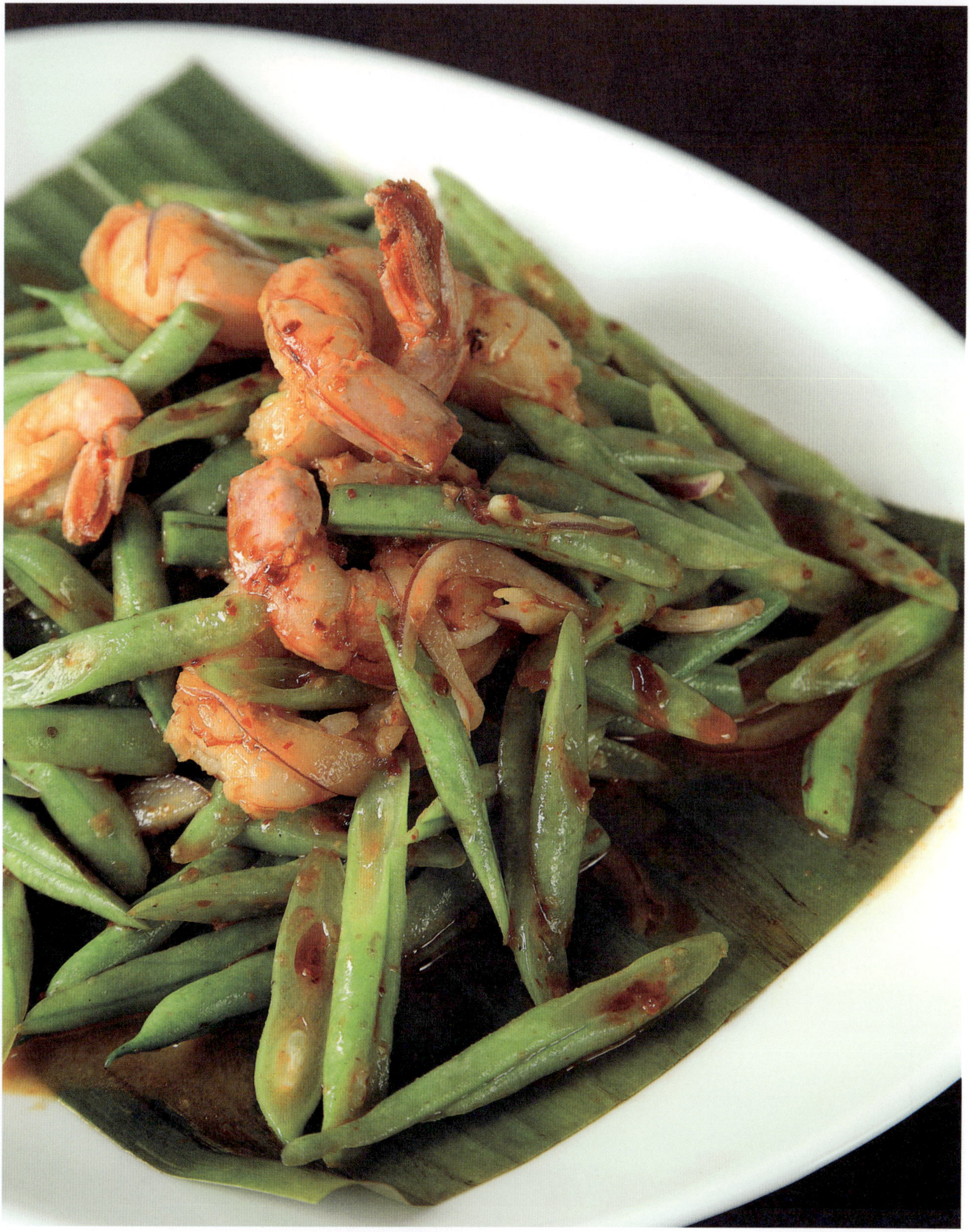

SOUP NUA SAMOON PRAI SOPA

Sopa apimentada de carne com ervas

Molho

INGREDIENTES
para 1 porção

Raiz de coentro	2 un.
Alho	2 dentes
Pimenta	1/2 colher (chá)
Sementes de coentro	1 colher (chá)
Cominho	1 colher (chá)

Prato principal

INGREDIENTES

Alcatra ou contrafilé	60 g
Caldo de carne caseiro	1 1/2 copo
Tomates	3 un.
Cebola branca em pedaços	1/4 un.
Capim-limão	1/2 caule
Limão kaffir picado	2 folhas
Aipo picado	2 caules
Pimenta dedo-de-moça cortada	2 un.

Tempero

INGREDIENTES

Suco de limão	1 colher (sopa)
Açúcar	1/2 colher (sopa)
Molho de peixe	1 1/2 colher (sopa)
Sal	1/2 colher (chá)

DECORAÇÃO

Folhas de coentro

MODO DE PREPARO

1. Em um pilão, preferencialmente de pedra, soque a raiz de coentro, o alho, a pimenta, as sementes de coentro e o cominho até que fiquem bem misturados em pasta. Reserve.

2. Em uma panela, coloque o caldo de carne e leve-o ao fogo até ferver; acrescente a pasta reservada e, depois, os seguintes ingredientes socados e amassados: o capim-limão, as folhas de limão kaffir, as batatas, os tomates e a cebola branca. Mexa e acrescente a carne. Mantenha fervendo até que a carne esteja cozida.

3. Acrescente o açúcar, o molho de peixe e o sal. Depois, acrescente o aipo e a pimenta dedo-de-moça. Desligue o fogo e acrescente o suco de limão.

4. Coloque em um prato para servir e decore com folhas de coentro frescas.

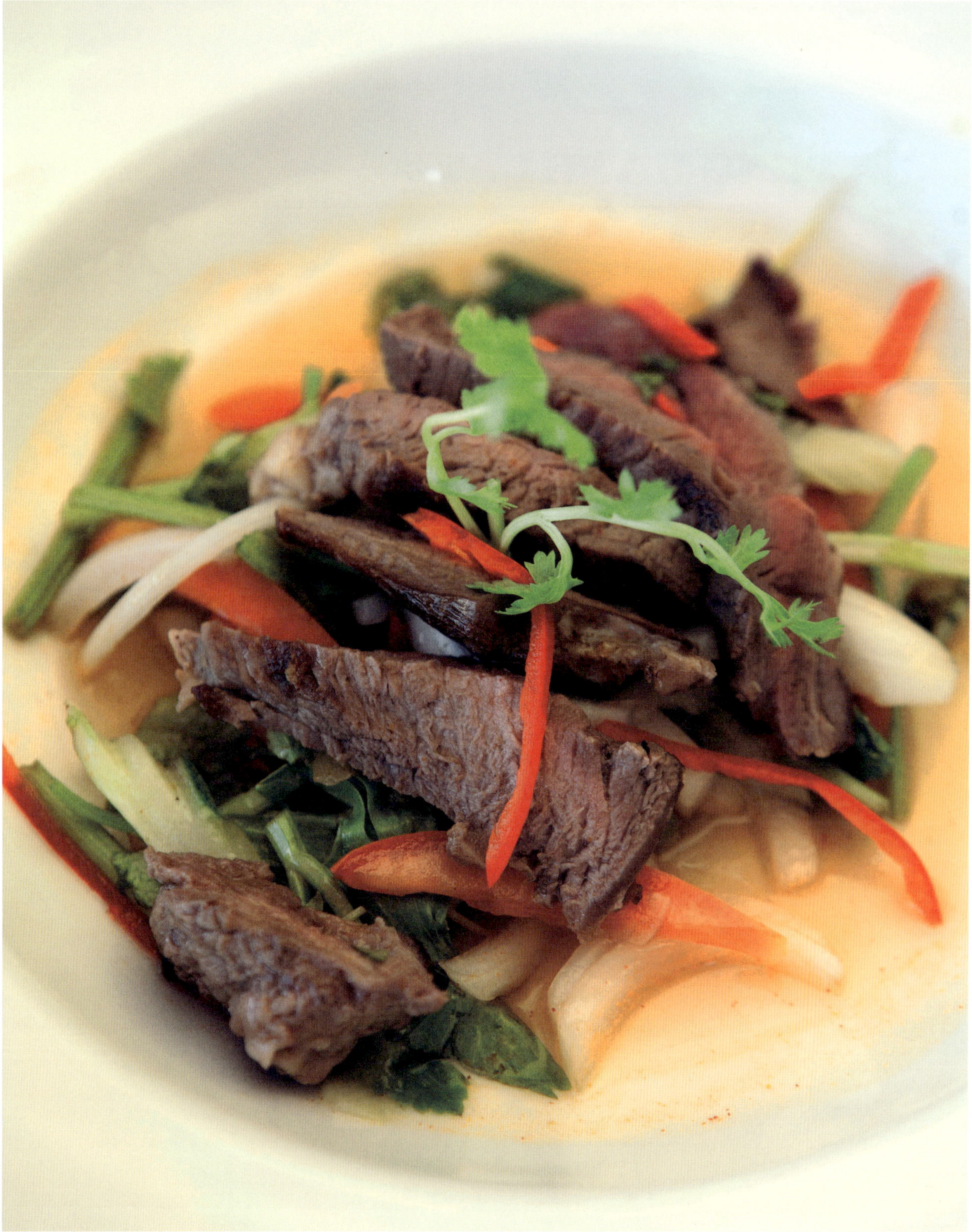

GAAENG HANG LAY — PRINCIPAL

Paleta de porco ao molho curry hang lay com gengibre

INGREDIENTES
para 2 porções

Paleta de porco em cubos de 5 cm	400 g
Molho preto de soja (grosso)	1/2 colher (sopa)
Cebola roxa pequena cortada ao meio	25 un.
Gengibre cortado longo à *Julienne*	100 g
Alho fresco fatiado	100 g
Molho de curry *Hang Lay*	4/5 colheres (sopa) (veja instruções)
Açúcar	3 colheres (sopa)
Molho de peixe	4 colheres (sopa)
Suco de tamarindo	3 colheres (sopa)
Água	2 copos
Óleo para fritura	2 colheres (sopa)

MODO DE PREPARO

1. Em uma panela, misture os cubos da paleta de porco com o curry *Hang Lay* (reservado); acrescente o molho de soja e mexa bem.
2. Deixe a carne marinar no molho por pelo menos 1 hora.
3. Aqueça o óleo em uma panela e frite a carne de porco marinada em fogo baixo até que a gordura da carne se solte toda e se incorpore ao molho.
4. Acrescente as cebolas cortadas ao meio e o gengibre e mexa bem; adicione o alho, mexendo tudo muito bem.
5. A seguir, acrescente o molho de tamarindo, o molho de peixe, o açúcar e a água.
6. Cozinhe em fogo baixo por 1 a 2 horas, até a carne ficar macia e o molho engrossar. Prepare em um prato e sirva.

Curry *Hang Lay*

INGREDIENTES

Pimentas secas	8 a 10 un.
Sal	1/2 colher (chá)
Capim-limão fatiado	3 colheres (sopa)
Galangal fatiado	1 un.
Cebola roxa fatiada	5 un.
Dentes de alho	3 un.
Suco de tamarindo	1 colher (sopa)
Pasta de camarão	1 colher (sopa)
Curry amarelo em pó	1 colher (sopa)

MODO DE PREPARO

1. Embeba as pimentas secas na água até ficarem macias.
2. Amasse as pimentas em um pilão, preferencialmente de pedra, com sal e faça uma pasta; acrescente o capim-limão e amasse junto até ele se agregar à pasta; faça o mesmo com o *galangal* (obs.: se preferir, use um liquidificador – coloque todos os ingredientes no copo e mexa até virar uma pasta fina).
3. Acrescente as cebolas roxas, o alho e o suco de tamarindo e continue amassando (ou batendo, no caso do liquidificador). Acrescente o curry amarelo, a pasta de camarão e mexa bem, até tudo virar uma pasta uniforme. Reserve.

*PRATO DO
RESTAURANTE NANG
GIN KUI – BANGKOK
PRIVATE DINING

SOM TAM

SALADA CLÁSSICA

Salada de papaia verde

INGREDIENTES
para 3 porções

Mamão papaia verde	1 un. de 600 g
Alho	4 dentes
Pimenta vermelha	3 un.
Vagem	2 un.
Camarão médio cozido	80 g
Amendoim torrado	40 g
Molho de peixe	3 colheres (sopa)
Açúcar	3 colheres (sopa)
Suco de limão	4 colheres (sopa)

MODO DE PREPARO

1. Descasque o mamão, cortando-o em tiras longas e finas.

2. Corte os tomates em tiras, e as vagens, em pedaços pequenos; a seguir, ferva-os em água com sal por cerca de 3 minutos. Reserve.

3. Em um liquidificador, bata o amendoim, o alho e as pimentas. Acrescente essa mistura ao mamão e ao camarão já cortados e misture com uma colher.

4. Junte os tomates, a vagem, o molho de peixe, o açúcar e o suco de limão. Moa um pouco mais e leve à mesa. Sirva com arroz pegajoso (*sticky rice*).

HOY TOD
THAI OYSTER OMELET SNACK

Omelete de ostras

INGREDIENTES
para 2 porções

Ostras frescas	150 g
Ovos	3 un.
Limão kaffir picado	1 folha
Água	250 ml
Molho de peixe	1 colher (sopa)
Cebola roxa picada	1 un.
Óleo para fritura	

MODO DE PREPARO

1. Lave as ostras e tempere com um pouco de sal. Reserve.
2. Bata os ovos. Coloque-os em um *bowl* e adicione a cebola, a água e o molho de peixe, mexendo tudo ligeiramente. Desligue, adicione o limão kaffir e reserve.
3. Aqueça o óleo em uma frigideira a fogo médio. Quando estiver quente, coloque as ostras e a mistura dos ovos e frite até que ambos os lados fiquem amarelos.
4. Retire, salpique com a pimenta. Sirva.

TOM YUM SOUP — SOPA CLÁSSICA

INGREDIENTES
para 3 porções

Camarões médios	15 un.
Óleo para cozinhar	2 colheres (sopa)
Água	1 l
Alho picado	2 dentes
Galangal	1 un. pequena
Capim-limão	2 caules (só a parte arroxeada)
Pasta *nam prick*	2 colheres (sopa)
Pimenta dedo-de-moça	1 un.
Suco de tamarindo	2 colheres (sopa)
Limão kaffir	6 folhas
Molho de peixe	2 colheres (sopa)
Suco de limão	1 colher (sopa)
Cebola roxa média picada	2 un.
Tomate picado	2 un.
Cogumelos secos	300 g

MODO DE PREPARO

1. Limpe os camarões mantendo as caudas; reserve a cabeça e as cascas. Lave as cascas e os camarões separadamente em um escorredor e deixe secar. Reserve.

2. Em uma panela wok, aqueça o óleo e doure rapidamente as cascas com as cabeças, mexendo sempre. Acrescente 250 ml de caldo de galinha e cozinhe em fogo médio, por 20 minutos; depois, passe por uma peneira.

3. Pique finamente o capim-limão. Pique a pimenta em rodelas finas.

4. Junte o caldo de galinha restante ao caldo peneirado e, quando ferver, abaixe o fogo e adicione o *nam prick* e o suco de tamarindo.

5. Acrescente o alho, o *galangal* fatiado, o capim-limão, a pimenta, a cebola, o tomate e as folhas de limão, e deixe cozinhar por 5 minutos em fogo baixo.

6. Junte os camarões reservados e os cogumelos secos e continue o cozimento, aumentando um pouco o fogo, por mais 5 minutos.

7. Deixe esfriar, tempere com o molho de peixe e o suco de limão. Sirva com arroz pegajoso.

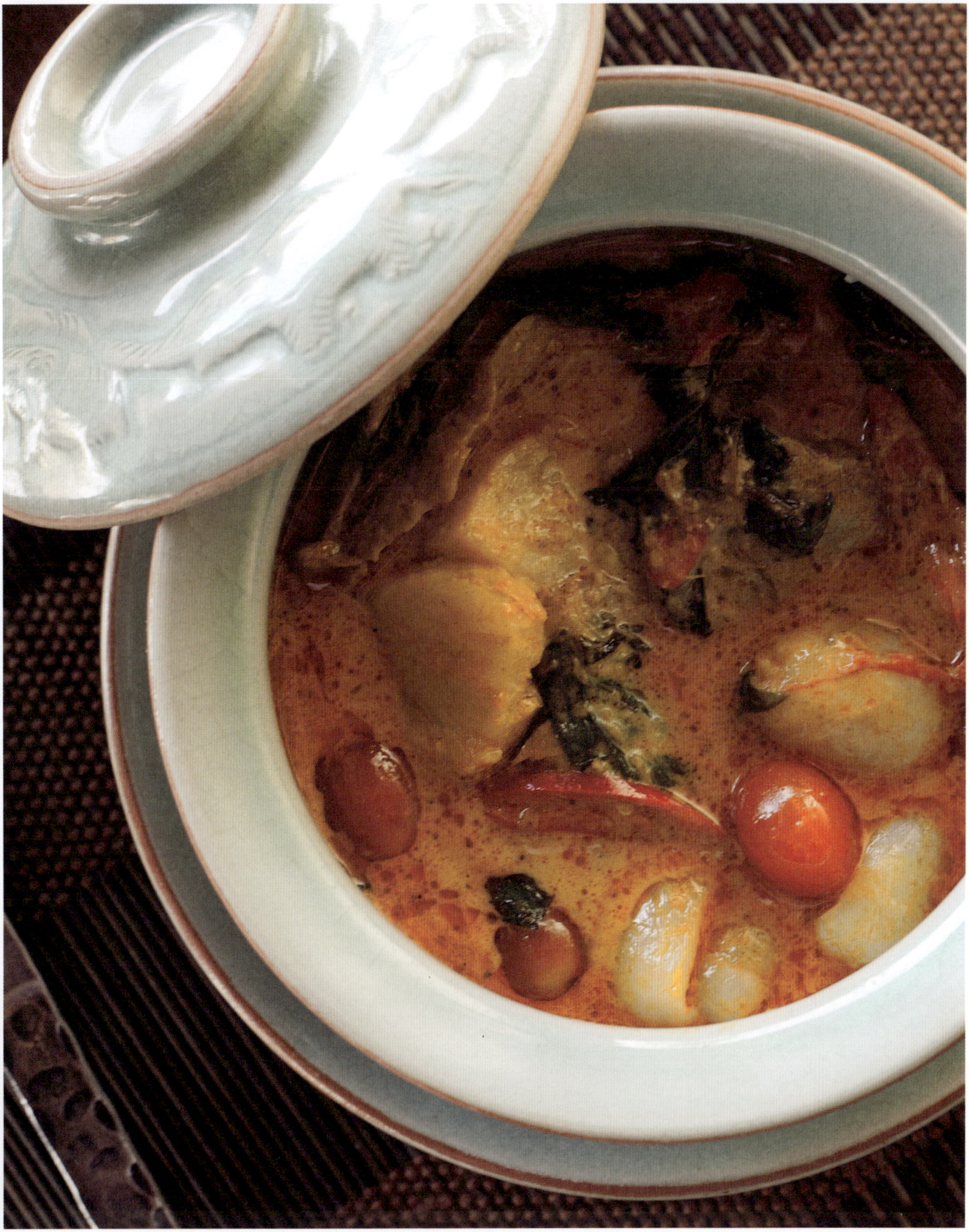

PANEANG PHED PRINCIPAL

Paneang curry com coxa de pato

INGREDIENTES
para 2 porções

Coxa de pato	250 g
Pasta de paneang curry	50-80 g (dependendo do grau de picância desejada)
Leite de coco	400 ml
Folhas de limão kaffir cortadas à *Julienne*	20 g
Molho de peixe	1 1/2 colher (sopa)
Açúcar	20 g
Óleo de pimenta assada	10 g
Caldo de galinha	100 ml
Óleo de cozinha	3-4 colheres (sopa)

MODO DE PREPARO

1. Frite bem a coxa de pato mergulhada em óleo até obter um marrom dourado. Reserve.

2. Esquente uma panela e acrescente o óleo de cozinha, acrescente a pasta de paneang curry e mexa em fogo médio.

3. Adicione um pouco de leite de coco na quantidade adequada para não se perder o aroma do curry e, ao mesmo tempo, obter uma consistência de creme; continue mexendo e acrescentando o leite de coco em pequenas porções, enquanto mexe, até o leite acabar. Adicione o caldo de galinha.

4. Acrescente a coxa de pato reservada no molho de curry e continue cozinhando até a carne ficar macia.

5. Tempere com molho de peixe, açúcar, óleo de pimenta assada e folhas de limão, ao final.

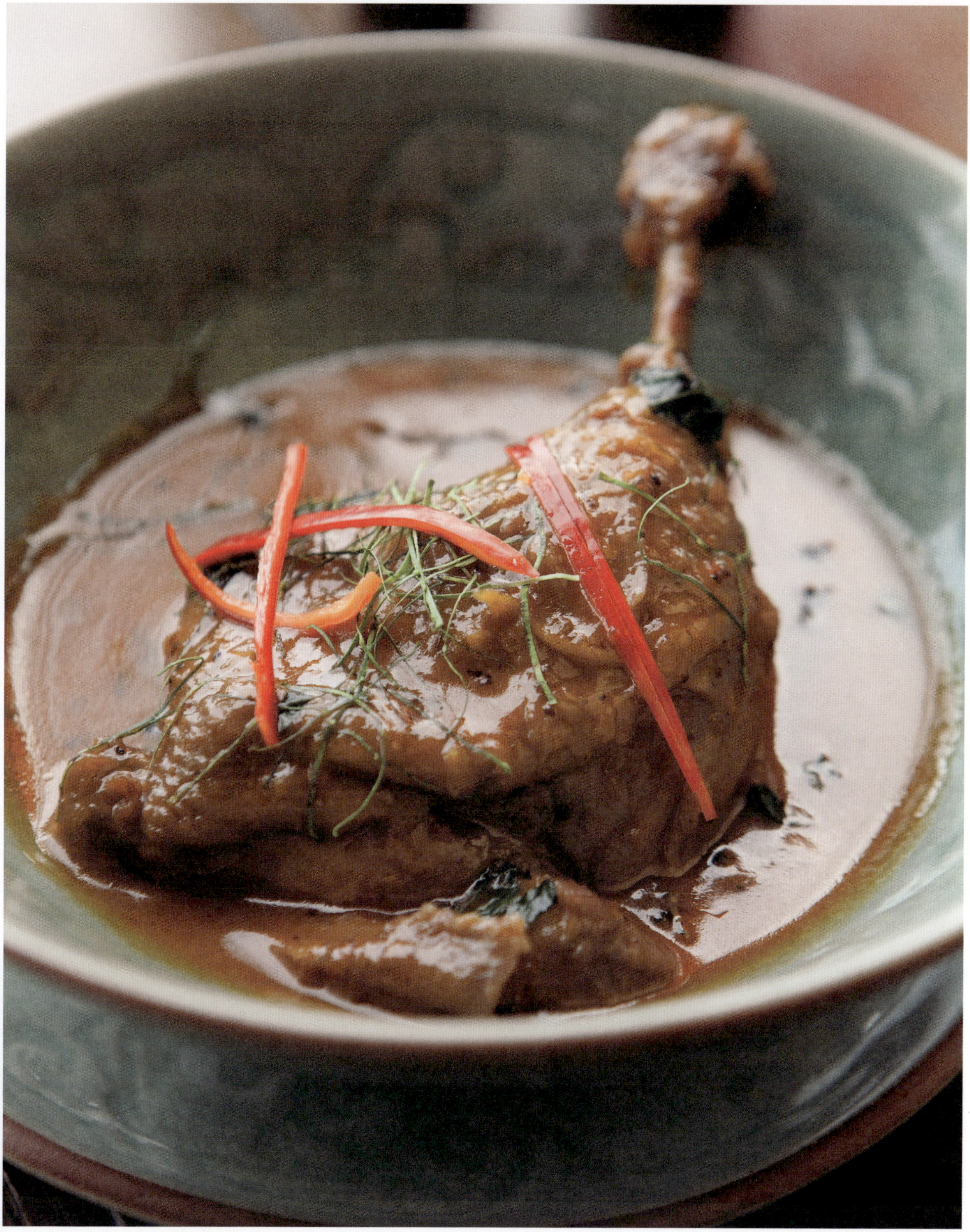

THAI SPICY FISH SOUP — SOPA CLÁSSICA

Sopa apimentada de peixe

INGREDIENTES
para 2 porções

Badejo	300 g
Alho picado	1 un.
Galangal picado	1 un.
Pimenta dedo-de-moça	1 un.
Couve chinesa	100 g
Suco de limão	1 colher (sopa)
Limão	1 un.
Óleo para cozinhar	2 colheres (sopa)
Pasta de curry vermelho	2 colheres (sopa)
Caldo de legumes caseiro	200 ml
Leite de coco	100 ml
Sal a gosto	

MODO DE PREPARO

1. Pique a pimenta em rodelas. Corte a couve e reserve.

2. Tempere o peixe cortado em pedaços médios com o sal e o suco de limão. Reserve.

3. Rale a casca e esprema o suco do limão. Reserve.

4. Em panela wok com óleo, refogue o alho, o *galangal*, a pimenta e a pasta de curry. Acrescente o caldo de legumes e deixe ferver. Junte o leite de coco e, a seguir, o peixe, e continue o cozimento por 10 minutos. Adicione a couve e cozinhe mais um pouco.

5. Junte as raspas de limão e deixe cozinhar em fogo baixo por cerca de 2 minutos. Apague o fogo, adicione o suco de limão e mexa. Sirva.

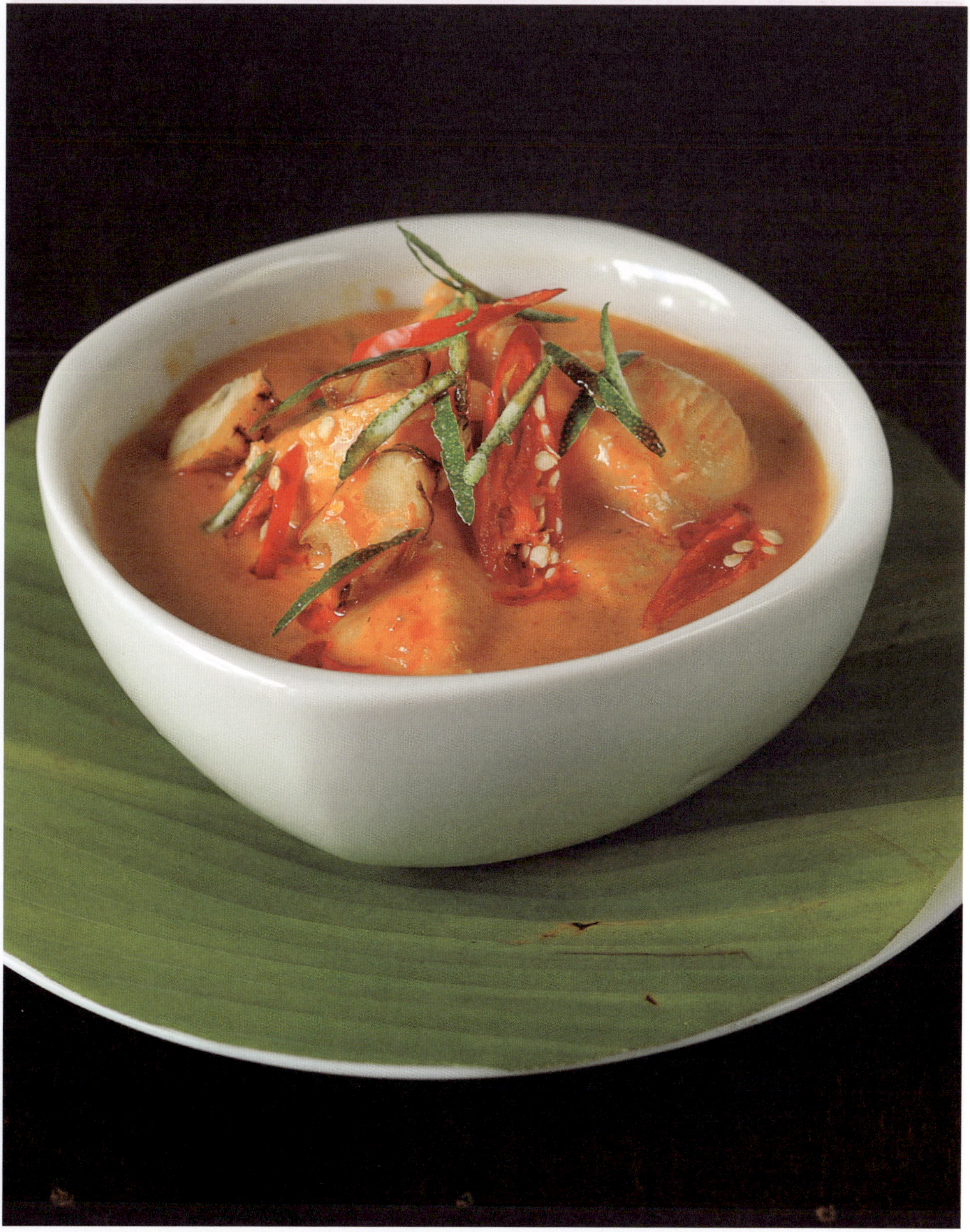

TOM KHA GAI SOPA

Sopa apimentada de coco

INGREDIENTES
para 2 porções

Filé de frango	200 g
Leite de coco	500 ml
Cogumelos shiitake	15 g
Coentro	5 talos (com folhas)
Galangal descascado	1 un.
Folhas de capim-limão	4 un.
Folhas de limão Taiti	3 un.
Molho de peixe	4 colheres (sopa)
Molho de soja claro	3 colheres (sopa)
Pimenta dedo-de-moça	4 un.
Suco de limão	4 colheres (sopa)
Açúcar	1 colher (chá)
Água	1 colher (chá)
Sal a gosto	500 ml

MODO DE PREPARO

1. Corte os filés de frango e os cogumelos em tiras bem finas. Lave o coentro, separe as folhas dos talos e pique-os separadamente. Reserve.

2. Corte o *galangal* em pedaços. Após lavar o capim-limão, junte três folhas, dobrando-as algumas vezes. Amarre com a folha restante e reserve.

3. Em uma wok, leve 300 ml do leite de coco ao fogo baixo por 3 minutos, depois acrescente o coentro picado e cozinhe por mais 1 minuto. Junte o *galangal*, a pimenta picada, o capim-limão e as folhas de limão. Adicione o resto do leite de coco, deixando ferver. Acrescente a água e, a seguir, os molhos de peixe e de soja.

4. Deixe ferver novamente, depois ponha o frango e cozinhe por cerca de 25 minutos, ou até que esteja macio. Adicione os cogumelos e deixe cozinhar por mais 7 minutos, mexendo de vez em quando.

5. Retire o capim-limão e o *galangal*.

6. Adicione o açúcar, o suco de limão e o sal. Decore com folhas de coentro. Sirva com arroz pegajoso.

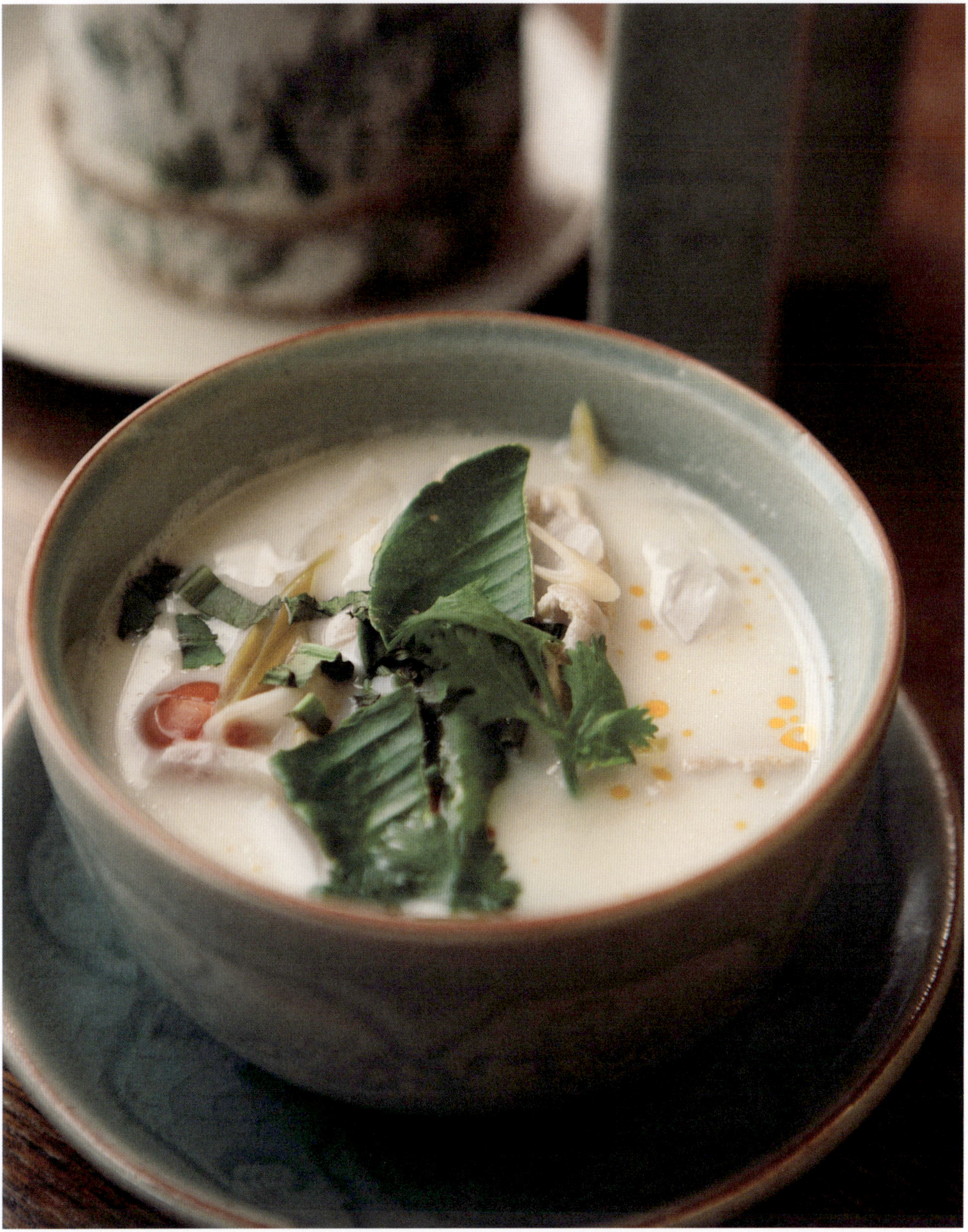

PAD THAI

PRINCIPAL CLÁSSICO

INGREDIENTES
para 3 porções

Camarões médios inteiros	500 g
Macarrão oriental	300 g
Suco de tamarindo	3 colheres (sopa)
Molho de peixe	1 colher (sopa)
Suco de limão	1 colher (sopa)
Açúcar	1 colher (chá)
Sal a gosto	
Dentes de alho	2 un.
Óleo de cozinha	2 colheres (sopa)
Cebola roxa em rodelas	4 un.
Pimenta dedo-de-moça	2 un.
Broto de soja a gosto	
Amendoim torrado picado	1/2 xícara

MODO DE PREPARO

1. Cozinhe rapidamente os camarões (4 min.) com sal e 1 dente de alho. Reserve.

2. Para o macarrão, leve ao fogo uma panela com bastante água. Quando ferver, coloque o macarrão, apague o fogo, tampe e deixe por 3 minutos. Reserve.

3. Em uma panela wok, frite os camarões por 3 minutos. Reserve.

4. Pique o dente de alho restante e corte a pimenta em rodelas bem finas.

5. Aqueça novamente a wok com 1 colher de óleo, coloque o alho picado, a cebola, as pimentas, e mexa por 2 minutos. A seguir, acrescente o tamarindo, o *nanm pla* (molho de peixe), o suco de limão e o açúcar.

6. Junte um pouco de água e deixe ferver por 3 minutos, sempre mexendo; acrescente o camarão e o macarrão e misture com cuidado.

7. Acrescente os brotos de soja e misture bem. Salpique o amendoim e sirva.

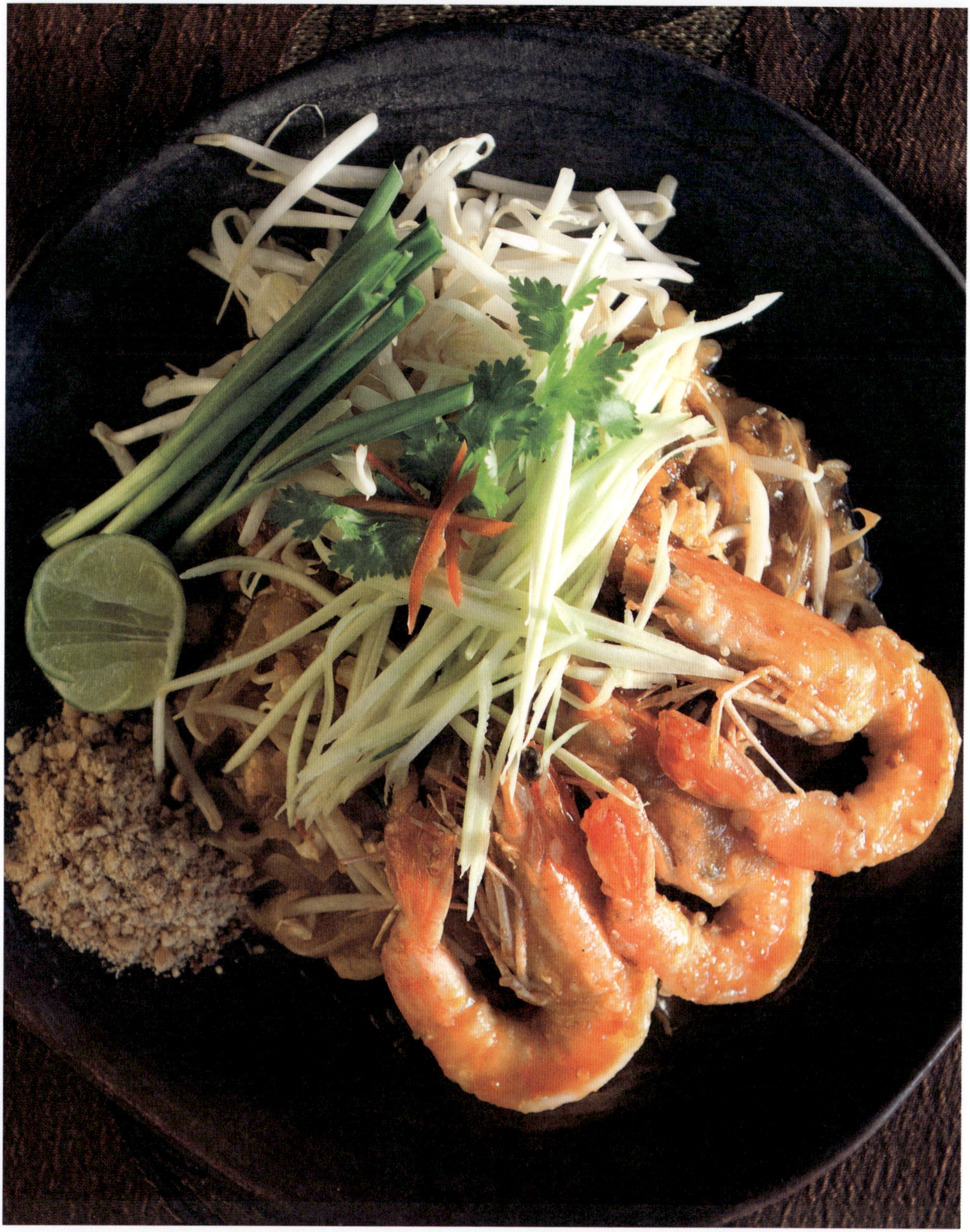

KHAO NEOW MAMUANG

SOBREMESA CLÁSSICA

Arroz doce de manga

INGREDIENTES
para 2 porções

Manga Palmer média semimadura	1 un.
Arroz moti	250 g
Leite de coco	350 ml
Suco de limão	1 colher (sopa)
Açúcar a gosto	

MODO DE PREPARO

1. Coloque o arroz em um *bowl*, completando com água. Deixe algumas horas ou, se possível, da noite para o dia.

2. Cozinhe o arroz no vapor por 15 minutos. Reserve.

3. Em uma panela rasa, aqueça o leite de coco. Acrescente o limão e o açúcar. Mexa bem e, a seguir, apague o fogo.

4. Acrescente o arroz a essa mistura e cozinhe em fogo baixo por 10 minutos. Deixe esfriar, retire e coloque em uma travessa.

5. Corte a manga em fatias finas e largas, colocando-as sobre o arroz. Sirva.

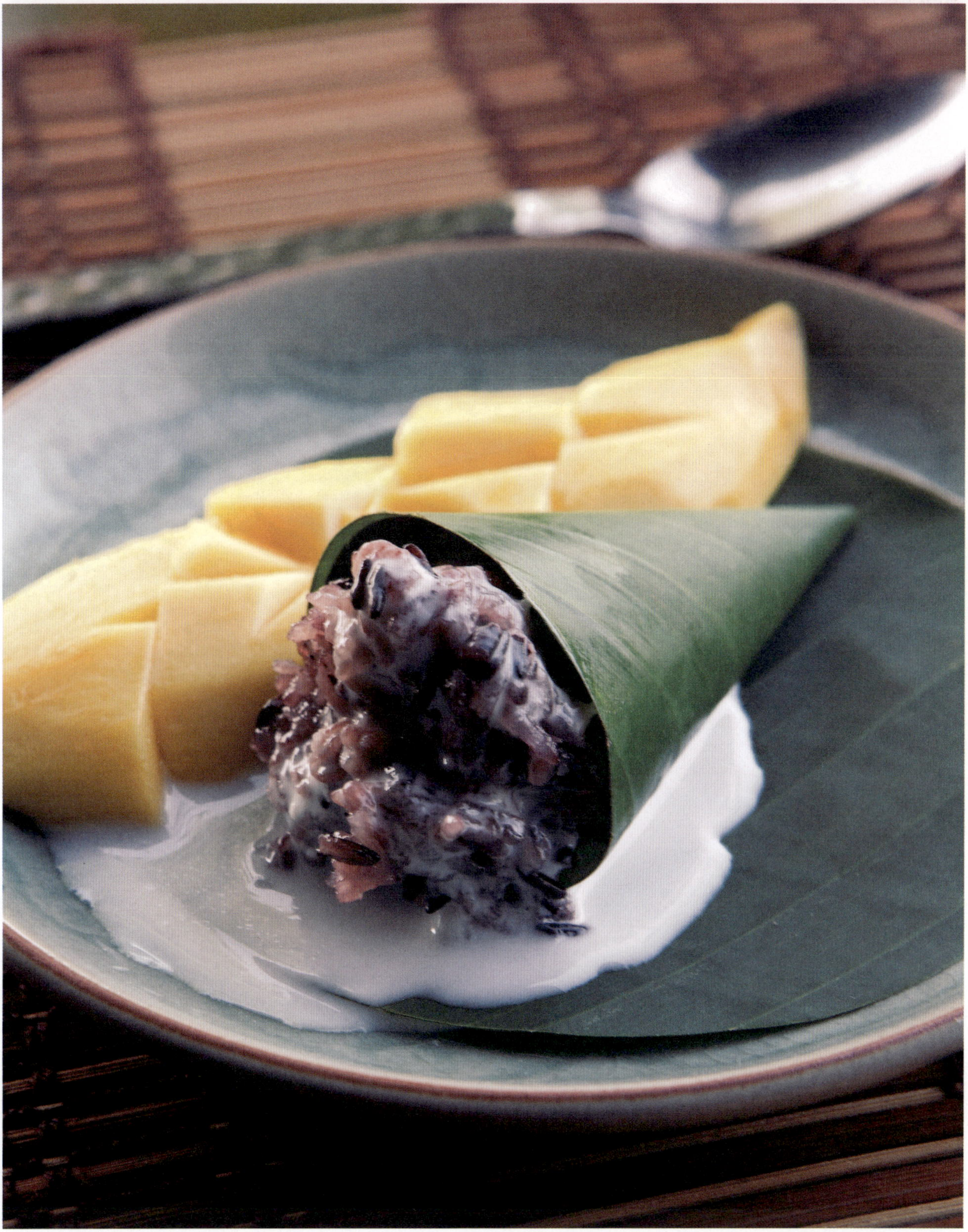

AO ALCANCE DE TODOS

SIMPLES, DIVERTIDO E SABOROSO – É FÁCIL E PRÁTICO APRENDER A COZINHAR NA TAILÂNDIA

Um dia, dois dias, três, uma semana, algumas horas, ou apenas uma manhã ou tarde. Ou um mês, até. Não importa. Na Tailândia, há sempre um curso de culinária adequado à agenda de foodies em trânsito pelo país.

Consciente de que um de seus grandes (o maior?) ativos turísticos é a fascinante culinária, que os estrangeiros adoram, o próprio governo tailandês vê com bons olhos tais iniciativas. Trata-se, afinal, de uma forma indireta de diplomacia externa: "exportar" a comida e a cultura thai a outros países literalmente de dentro para fora.

Qualquer estrangeiro é apto, sob uma única condição: falar inglês. Aliás, nesses cursos é muito fácil e comum que surjam amizades internacionais.

No geral, são experiências divertidíssimas, que podem até ser a cereja do bolo de uma viagem. Descobre-se com elas que, no fundo, tudo é muito simples, quando se fala de gastronomia tailandesa. Também não há quaisquer pré-requisitos envolvendo habilidades na cozinha.

As escolas são bem estruturadas, com equipamentos individuais ou, no máximo, para uma dupla dividir. A aula começa logo cedo, com uma ida a pé (ou de metrô, em alguns casos) a um mercado de rua mais próximo, passeio guiado pelo professor/monitor. A experiência fascina, já que nesses pequenos *street markets* de bairro não circulam estrangeiros. O "teacher" em questão orienta e negocia com os comerciantes, mas quem realiza a compra são os próprios alunos, escolhendo eles mesmos os ingredientes. De volta à escola, começa a breve parte teórica, seguida das aulas práticas.

O currículo normalmente se restringe aos pratos clássicos, consagrados internacionalmente. Durante as aulas, o instrutor demonstra passo a passo os métodos e preparos, da organização dos ingredientes ao ato de cozinhar em si. No final, mesmo os menos habilidosos sentirão uma pontinha de orgulho por ter dominado uma panela wok – ao menos por alguns instantes. E os alunos ainda têm a chance de almoçar/jantar o que eles mesmos cozinharam.

Boa parte da rede hoteleira é conveniada ou pode indicar alguma escola credenciada – ou, em alguns casos, possui estrutura própria, para cursos de pequena duração.

BANGKOK

THE BLUE ELEPHANT COOKING SCHOOL

Envolvente, a atmosfera do histórico prédio que abriga tanto o restaurante homônimo quanto a mais famosa e concorrida escola de culinária de Bangkok é estimulante por si só, com toda sua decoração *vintage*. Após a reunião inicial quebra-gelo, o aluno e os colegas vão às compras de ingredientes. De volta à sala de aula/cozinha, a dinâmica é perfeita, e o tempo literalmente voa – impossível não se contagiar com a profusão de aromas do ambiente. O diferencial da Blue Elephant é que o aluno entenda o conceito da escola, voltado à chamada *royal thai cuisine*. Que nada tem de elitista (ver capítulo a respeito): trata-se apenas de obter e usar o melhor ingrediente disponível, da melhor maneira possível. O *gran finale* do programa é um almoço de confraternização da turma – com um pouco de sorte, com a ilustre presença de Nooror Steppe, fundadora-proprietária do Blue Elephant Group.

www.**blueelephant**.com

BLUE ELEPHANT SCHOOL
Na maior escola do país, em Bangkok, com um pouco de sorte as aulas são dadas pela proprietária, chef Nooror.

MANDARIN HOTEL

Um dos grandes hotéis da cidade, o Mandarin Oriental possui sua própria escola de culinária, a The Oriental Thai Cooking School. Criada em 1986, foi a primeira escola formal de culinária thai para estrangeiros de BKK. A localização não poderia ser mais inspiradora: a suntuosa Sala Rim Naan, restaurante do próprio Mandarin, na outra margem do Chao Phraya, acessível ao cruzar-se o rio a bordo de *shuttles* do hotel.

Aqui, a dinâmica da aula é ótima, e o participante sente-se completamente à vontade e encorajado a arriscar seus dotes culinários. Por conta da logística envolvendo o rio, não há o ritual de compras em mercados de rua, pela manhã.

www.**mandarinoriental**.com

BANGKOK THAI COOKING ACADEMY

Escola renomada, comandada pelo experiente (e respeitado) v Chayanat "Nat" Boonmeerod. Profissionalismo e diversão unem-se na cozinha, onde os pratos são escolhidos pelo próprio aluno a partir de um menu-sugestão de trinta receitas. Inclui cursos voltados exclusivamente para vegetarianos.

www.**bangkokthaicookingacademy**.com

CHIANG MAI

ASIA SCENIC THAI COOKING SCHOOL

A vantagem dessa escola de ambiente tranquilo, astral de pousada de praia, ótima estrutura e cursos sempre lotados de uma moçada descontraída (obs: de todas as idades) é a calmaria que a acolhedora cidade tailandesa oferece, em comparação a Bangkok – há *shuttles* para buscar os alunos em seus hotéis. Mais: a instituição tem sua própria fazenda de orgânicos, então as aulas acontecem alternadamente na cidade e no campo. De quebra, no currículo, pitadas de cultura tailandesa. E, ao final, um livro de receitas para levar para casa.

www.**asiascenic**.com

HUA HIN

ANANTARA HUA HIN RESORT & SPA

O grande diferencial dos cursos realizados no hotel da rede Minor Group, localizado no balneário a 120 quilômetros de Bangkok, é o fato de a bem estruturada sala de aula ser ao ar livre, sob uma bucólica cobertura de sapé – e a poucos metros da praia. O nome do programa, *Spice Spoons – a Thai Culinary Journey* ("Colheres Temperadas – uma Jornada Culinária Tailandesa"), abriga quatro fundamentos básicos: aperitivos, sopas, principais e sobremesas. Dá para sair craque em alguns itens, como o irresistível *Thai fish cake* (bolinho de peixe frito) – impossível fritar um só.

www.**huahin.anantara**.com

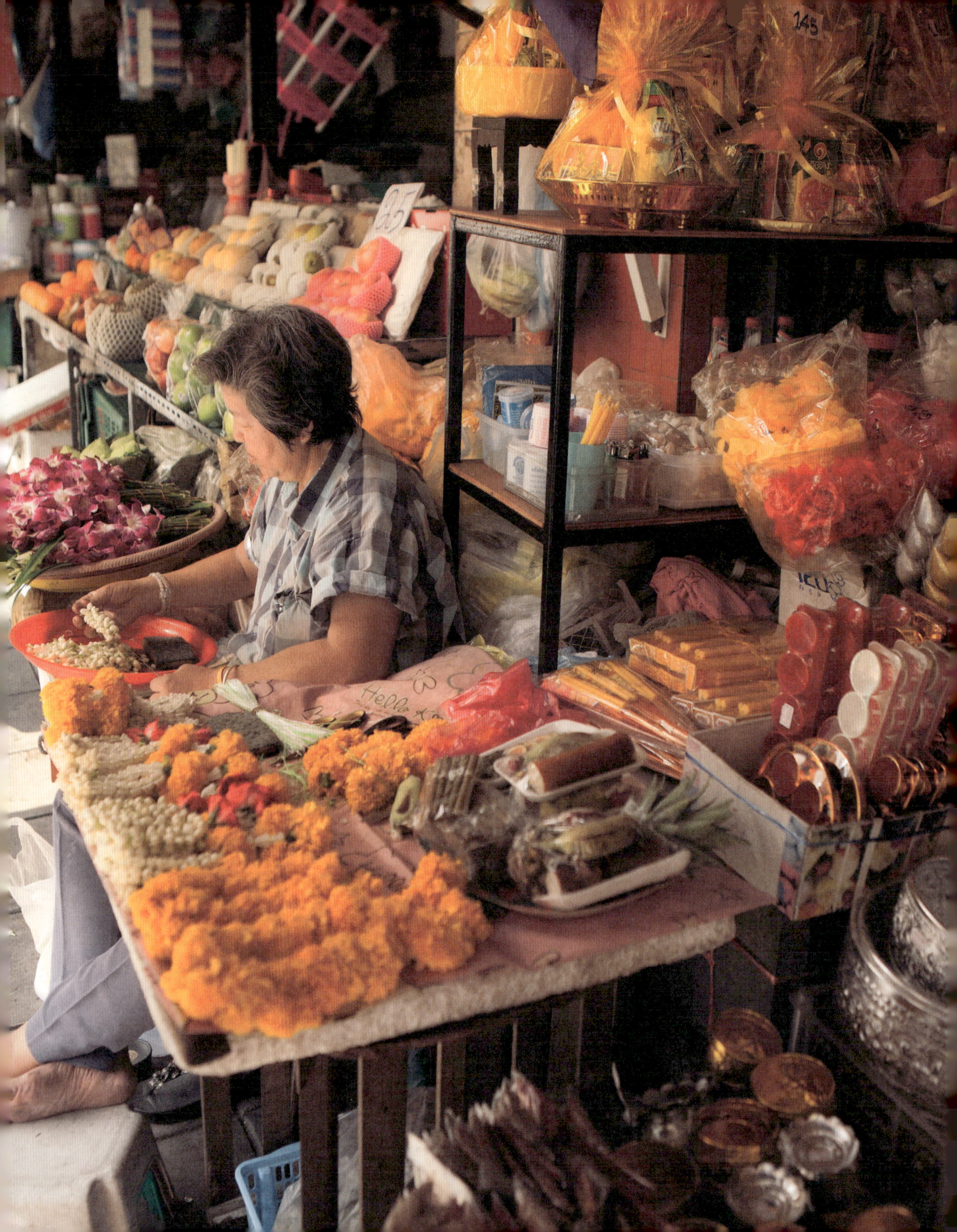
145

Posfácio

É SÓ UM ATÉ LOGO

Deixei propositadamente para o *gran finale* a dica preciosa para quem, a caminho do aeroporto Suvarnabhumi para o voo de volta Bangkok-Brasil, já pense em matar as saudades dos sabores tailandeses ao chegar em casa.

Em bons supermercados, há grande oferta e variedade de curries e temperos variados "para viagem". *Nam pla*, o substancial molho de peixe, também. Em garrafas de plástico ou vidro, de diferentes tamanhos.

Os preços são de derrubar a arcada dentária de tão baratos – em alguns casos, centavos, em conversão direta do *baht*, a moeda thai, para o real.

Duas marcas dominam as prateleiras: Blue Elephant, grife ligada ao famoso restaurante-escola de BBK; e Lobo, a predileta dos próprios tailandeses.

Sawasdee Krap/Ka!

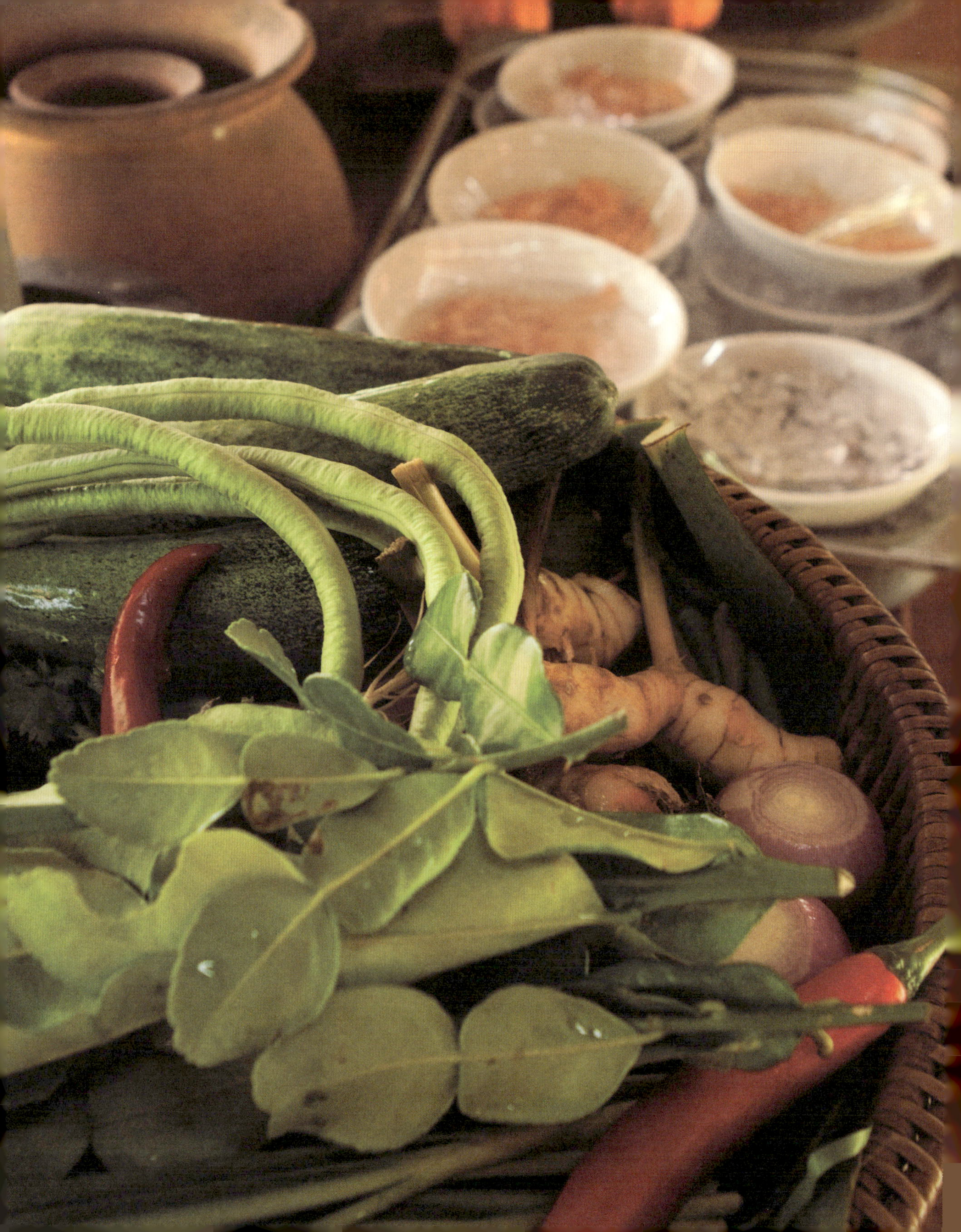

ÍNDICE DE RECEITAS

Sticky Rice **170**
Steamed Fish With Curry
    And Vegetables **171**
Lanna Dip **172**
Chicken Satay **176**
Khao Soi Gai **178**
Massaman Beef Curry **180**
Pla Goong **182**
Tod Man Pla **184**
Goong Phad
    Naam Prig Pow **185**
Kai Phad Naam Ma-Kham **186**
Plaa Rad Prik Kee Nhu
    Bai Horapha **188**

Nam Prik Phaow **190**
Thai Green Curry **191**
Yam Tua Plu Koong **192**
Soup Nua Samoon Prai **194**
Gaaeng Hang Lay **196**
Som Tam **198**
Hoy Tod
    Thai Oyster Omelet **199**
Tom Yum Soup **200**
Paneang Phed **202**
Thai Spicy Fish Soup **204**
Tom Kha Gai **206**
Pad Thai **208**
Khao Neow Mamuang **210**

AGRADECIMENTOS MAIS QUE ESPECIAIS

Breno Lerner, Chef McDang, Clara Campos / Minor Hotels (*Senior Global Manager*), Eduarda Sahlit, Helena de Mendonça (*Flow PR & Marketing Agency*), Jefferson "Jeff" Santos / Capital Marketing, Kriangsak "Chai" Vorakoondumrong, Leonardo Pugliese / Capital Marketing, Mr. Vithit Powattanasuk, Monica Majors / Anantara Hotels (*Director of Public Relations*), Royal Thai Embassy, TAT – Tourism Authority of Thailand.

APOIO INSTITUCIONAL

Anantara Hotels

Minor Hotels

Royal Thai Embassy
TAT – Tourism Authority of Thailand
www.turismodatailandia.org

PRODUÇÃO EXECUTIVA

Flow PR & Marketing Agency
Helena de Mendonça
www.8flow.com.br

SOBRE O AUTOR

Paulistano, Carlos Eduardo Oliveira é jornalista. Atualmente na revista *Gosto*, de gastronomia, foi também editor da revista *Gula*. Começou no jornalismo musical, e desde então já militou do "jornalismo-celebridade", como editor das revistas *Flash* e *Look!*, à política, como assessor na Câmara Municipal de São Paulo.

Ao longo da carreira, trabalhou em publicações da Editora Abril (revistas *Bizz* e *Showbizz*) e colaborou em grandes jornais como *Folha de S.Paulo*, *O Estado de S.Paulo*, *Jornal do Brasil*, *Valor Econômico*, *A Tribuna (Santos)*, e revistas *Isto É*, *Interview*, *Rolling Stone*, *Viagem e Turismo*, *Go Where*, *Globo Rural*, *Terra*, etc. Também assinou artigos no portal UOL, e foi durante anos correspondente no Brasil do jornal *Brazilian News*, de Londres.

No universo de cultura pop, entrevistou astros e bandas como David Bowie, Paul McCartney, Bono Vox (U2), Guns'n'Roses, Ozzy Osbourne, Kiss, Bon Jovi, etc.

Editor do livro *Diário de um Detento* (Labortexto Editorial, 2001), é também autor da biografia oficial *Inezita Barroso – Rainha da Música Caipira* (Kelps Editora, 2014); *Meu Miojo – Receitas e Histórias* (Editora Boccato, 2012); *Vinhos, Arte & Cultura* (Appears Books, 2012) e *Collor – o Artifície do Caos* (Ícone Editora, 1992).